하나님을 사랑하는 것에 관하여

하나님을 사랑하는것에 관하여

초판 발행_2011년 3월 20일
초판 2쇄_2024년 2월 11일

지은이_클레르보의 베르나르
옮긴이_김재현
펴낸이_손영란
편집_김혜란·신은주·전경미
디자인_박송화·조유영

펴낸곳_키아츠
주소_서울시 도봉구 마들로 624, 302호
전화_(02)766-2019 팩스_(0505)116-2019
홈페이지_www.kiats.org 이메일_kiatspress@naver.com
블로그_blog.naver.com/kiatspress
페이스북_www.facebook.com/kiatspress
ISBN_978-89-93447-33-0 (04230)

* 본 출판물의 저작권은 키아츠에 있습니다.
* 무단 전재와 복제를 금합니다.

하나님을 사랑하는 것에 관하여

클레르보의 비르나르

글의 순서

서론 / 7

하나님을 사랑하는 것에 관하여 / 21

사랑 / 105

사랑의 세 가지 특성 / 121

참고문헌 / 143

◈ 일러두기 ◈

베르나르가 인용한 성경은 오늘날 우리가 사용하는 성경과 다소 다르다. 우리는 이 책에서 개역개정본을 사용하였다. 다만 개역개정과 많이 다른 경우 베르나르의 번역을 그대로 남겨두었다.

서론

사랑: 믿음과 사랑 사이

종교개혁 이후 기독교 역사에서는 믿음, 소망, 사랑 중 믿음이 가장 강조되었다. '오직 성경으로', '오직 믿음으로', '오직 은혜로'라는 구절에서 알 수 있듯이, 믿음은 기독교에서 중요한 신앙적 잣대regula fidei였다. 신앙적 믿음은 종종 현실적인 난관이나 예측 가능성을 뛰어넘는 중요한 요소이다.

그러나 기독교 역사에서 믿음이 항상 가장 중요한 요소로 자리 잡았던 것은 아니다. 중세 수도자들의 삶과 신앙에서는 사랑amor/caritas이 믿음보다 더 강조되기도 했다. 술람미 여인의 '입술과 가슴 사이로 흘러내리는' 솔로몬의 사랑 이야기는 중세 수도자와 학자들에 의해 은유와 상징, 모형과 비유라는 문학적 도구에 따라 교회와 하나님의 사랑 이야기로 재해석되었다. 이에 대해 사랑에 기초한 신비주의love mysticism 등을 통해 중세 수도원 문학의 정점에 올랐던 베르나르는 좋은 예를 들었다. "사랑하는 자들아 하나님이 이같이 우리를 사랑하셨은즉 우리도 서로 사랑하는 것이 마땅하도다"요일 4:11라는 구절은 중세 영성의 특징을 잘 보여준다.

베르나르Bernardus

베르나르는 1090년 프랑스 디종Fontaines-Les-Dijon의 부유한 가문에서 태어났다. 1113년에 자신의 형제들과 삼촌 등 30여 명을 이끌고 당시 새롭게 자리를 잡아 가던 시토 수도원에 들어갔다. 그는 시토 수도원에 들어온 지 2년 만에 클레르보에 새로운 수도원을 세운 뒤 일생을 이곳에서 지냈다. 베르나르는 이곳을 중심으로 68개의 시스터시안 수도원 공동체를 새롭게 세웠고, 이 수도원 아래로 360여 개의 수도원 공동체가 모여들었다.

910년부터 200여 년 동안 유럽 사회를 이끌어오던 클루니Cluny 수도원에 이어 새롭게 등장한 것이 베르나르로 대표되는 시스터시안 수도원이다. 시스터시안 수도사들은 클루니 수도사들에 비해 더욱 엄격하고 검소한 생활을 했으며, 노동, 기도와 말씀 읽기, 하나님에 대한 사랑을 강조했다. 그레고리우스 7세의 개혁운동, 십자군 운동의 시작, 이단적 활동의 등장 등은 유럽 사회에 시스터시안 수도원 같은 새로운 종교적 흐름을 요구했다.

베르나르는 청빈과 검소, 그리고 깊은 영감과 문학적 자질을 무기로 12세기 종교문화의 전면에 등장했다. 그는 당시 최고의 수도원장 수제르Suger와 논쟁을 벌이면서 화려한 중세 교회의 고딕 건축에 반대했다. 또한 십자군을 독려하기도 하고, '카타르'와 같은 이단을 억압하기 위해 긴 여행을 떠나기도 했다. 당시 최고의 비판적 지식인 아벨라르Abelardus와도 논쟁을 벌였다. 1145년에는 한때 자신과 함께 지냈던 유게니우스 3세Eugenius III가 교황이 됨으로써, 베르나르는 최고의 전성기를 맞이했다. 1153년에 죽은 베르나르는 1174년에 성인으로 추인되었고, 1830년에는 교회의 박사Doctor of the Church라는 칭호를 받았다.

베르나르의 대표적인 저서로는 수사들에게 익살스럽게 조언을 한 《겸손과 교만의 단계에 관해서De gradibus humilitatis et superbiae》가 있다. 1124년경에 지은 이 책을 통해 그는 자신의 영성의 뿌리와 핵심적 가르침의 진수를 보여주었다. 또한 〈아가〉서에 기초한 설교 모음인 《아가서 설교집Sermones super Cantica Canticorum》도 출간했다. 18여 년에 걸쳐 작성된 86편에 이르는 그의 〈아가〉서 설교는 반복, 유추, 사색의 명상적 방법을 잘 보여주고 있다. 베르나르의 영적 아들인 교황 유게니우스 3세를 위해서는 《숙고할 문제들De consideratione》을 썼다. 이 책에서는 일상적인 일과 명상의 균형을 강조하면서 어떻게 교회를 이끌어갈 것인가에 대해 논의하고 있다. 12세기라는 격변기에 수많은 정치적, 종교적 활동을 펼쳤음에도 불구하고, 중세 최고의 신비주의 영성가인 베르나르의 모습을 가장 잘 보여준 작품은 바로 《하나님을 사랑하는 것에 관하여De diligendo Deo》이다.

《하나님을 사랑하는 것에 관하여》
De diligendo Deo

"두려움을 몰아내는 하나님의 완전한 사랑"을 토대로 시스터시안은 하나님에 대한 깊은 사랑과 묵상을 지속적으로 강조했다. 이 점은 베르나르의 저서에 비슷하게 등장한다. 사랑은 우리에게 보이지 않는 것을 보여주고, 말로 표현할 수 없는 것을 듣도록 해준다. 'Affectio', 'caritas', 'amor' 등으로 표기되는 사랑 속에서 인간은 하나님에 대한 영적이고 신비적인 경험을 할 수 있다.

《하나님을 사랑하는 것에 관하여》의 문학적 구조와 심도 있는 논의 과정은 베르나르의 신비주의와 사랑에 기초한 영성을 이해하는 데 큰 역할을 한다. 비슷한 내용을 다루는 방대한 양의 〈아가〉서 주석보다 분량이 짧다는 것도 독자들을 끌어당기는 또 하나의 매력이다.

이 책은 추기경 아이메릭Haimeric에게 보내는 서론과 40개의 장으로 구성되어 있다. 또한 당시 최고의 정치적 실권자 교황의 재무비서Chancellor인 아이메릭이 제기한 문제, "하나님을 사랑한 것"에 대한 답변 형식으로 이루어졌다. 베르나르는 1125년에서 1141년 사이에 이 글을 쓴 것으로 보인다.

《하나님을 사랑하는 것에 관하여》의 40개 장의 본문은 크게 세 부분으로 구성되어 있다.

첫째, "하나님은 왜, 그리고 어떻게 사랑을 받아야 하는가"(1-22장)

둘째, 사랑의 네 가지 단계(23-33장)

셋째, 추가적인 논의와 결론(34-40장)

여기서는 스티그만의 최근 논의를 참조해서 전체적인 틀을 고찰해 보았다(Stiegman 66-67).

《하나님을 사랑하는 것에 관하여》의 구성

첫째 부분: 하나님은 왜, 그리고 어떻게 사랑을 받아야 하는가(1-22)

I. 하나님이 왜 사랑을 받아야 하는가?(1-16)

   a) 인간 자체에 대한 하나님의 선물(2-6)

   b) 믿는 자들에 대한 하나님의 선물(7-15)

II. 하나님이 어떻게 사랑을 받아야 하는가?(16-22)

   a) 하나님은 제한 없이 사랑받아야 한다(16)

   b) 하나님은 하나님 자신 때문에 사랑받아야 한다(17)

   c) 하나님을 사랑하는 것은 우리 자신의 이익을 위한

것이다(17)
   d) 하나님의 사랑은 그 원인에 있어 우리의 사랑을
      앞선다(22)

둘째 부분: 사랑의 네 가지 단계(23-33)
I. 첫째 단계: 인간이 지닌 자연적인 이유 때문에
      하나님을 사랑한다(23-25)
   a) 육체적인 사랑(23)
   b) 남들을 사랑하는 것(24-25)
II. 둘째 단계: 인간이 받은 선물 때문에 하나님을 사랑한다(26)
III. 셋째 단계: 하나님 자신을 위해 하나님을 사랑한다(26)
IV. 넷째 단계: 하나님 자신을 위해 인간 자신을 사랑한다
      (27-33)
   a) 하나님 안에서 자신을 잃는 것(27)
   b) 신화(deification)-인간의 실체는 남는다(28)
   c) 넷째 단계에서의 신체의 역할(29-33)

셋째 부분: 추가적인 논의와 결론(34-40)
I. 하나님에게 연결하기 위한 세 가지 방법(34)
   a) 두려움 때문에 하나님을 사랑하는 것(34, 36)-노예적 사랑
   b) 보상을 위해서 하나님을 사랑하는 것(34, 36)

-보수를 목적으로 하는 사랑
　c) 하나님의 아들로서 하나님을 사랑하는 것(34, 37)
　　　-아들적인 사랑
II. 보편적인 법으로서의 사랑(35-38)
　a) 하나님의 법(35)
　b) 종의 법(36)
　c) 하나님의 아들들의 법(37)
　d) 두려움과 탐욕의 법과 사랑의 법의 관계(38)
III. 요약과 결론(39-40)
　a) 하나님을 사랑하는 네 가지 단계-요약(39)
　b) 천국: 그 누구도 육체에 따라 자신을 알지 못하는 곳이다(40)

독법과 유산

베르나르는 체계적이고 다소 딱딱한 스콜라주의적 논리나 방법 대신 성경을 주로 인용하면서 묵직한 영성에 대한 논의를 진행했다. 그는 350여 개가 넘는 성경구절을 연결해서 진지한 지적 논의와 신비적인 통찰력을 보여주었다. 또한 이기심을 억제하면서 인간의 고귀한 영혼을 하나님 및 이웃과 연결시켜 주는 영적인 사랑을 어떻게 얻을 수 있는지 잘 보여주고 있다. 동시에 인간적이고 자연적인 사랑에서 초자연적 사랑으로 진행해 가는 과정을 통해 영적이고 실천적인 진보와 명상을 보여주고 있다. 여기서는 베르나르가 전개한 두 가지 문제를 간략하게 살펴보겠다.

(1) 하나님은 왜, 그리고 어떻게 사랑을 받아야 하는가?
베르나르의 대답은 의외로 간단하다.
"그가 우리를 먼저 사랑했다"요일 4:9-10
하나님은 자신의 아들인 그리스도를 우리에게 주었다. 즉 하나님은 그리스도를 통해 인간과 화해를 하였다. 인간이 하나님을 사랑하는 근본적인 이유는 그리스도라는 선물과 함께 존엄, 지식, 덕과 같은 모든 선한 것을 받았기 때문이다. 이런 의미에서 하나님은 가장 효율적이고 최종적인 원인이다. 이러한 우선적인 사탕 행위 때문에 인간은 하나님을 가장 사랑하는 것이다.

세상에는 하나님의 사랑을 진심으로 '믿는 자'fideles와 '믿지 않는 자'infideles가 있다. 여기서 믿지 않는 자란 단순히 이방인이나 무신론자를 의미하는 것이 아니라 지혜롭지 못한 자나 영적인 초보자를 의미한다. 또한 믿는 자들은 하나님을 어떠한 '한계나 제한 없이' 사랑해야 한다.

(2) 사랑의 네 단계

하나님을 사랑하는 데는 네 가지 단계가 있다. 흥미롭게도 네 가지 단계는 수도자들의 실천적 자기 발전 및 영성 발전과 관계가 있다. 베르나르는 이를 이성적 논리를 통해 드러내고 있다. '사랑'의 뜻을 담아내기 위해 베르나르는 주로 'affectus naturalis'를 비롯해서, 'amor', 'caritas', 'affectio', 'affectus', 'dilectio', 'cupiditas', 'desiderium' 등의 라틴어를 사용했다.

사랑의 단계 첫 번째는 인간이 이성과 자연적인 현상 때문에 하나님을 사랑하는 단계이다. 두 번째는 인간이 좋은 것을 받았기 때문에 하나님을 사랑하는 단계이다. 세 번째는 하나님의 선하심 때문에 하나님을 사랑하는 단계이다. 네 번째는 하나님 자신만을 위해 인간 자신을 사랑하는 단계이다. 네 번째 단계는 내세의 삶에서나 가능하며, 이 단계에서 인간은 스스로를 완전히 잃고, 신과 같이 된다神化/Deification. 이러한 단계별 사랑은 수도사들이 추구한 정화·조명·완성이라는 실천적이고 영적인 진전을 상징적으로 나타낸다.

이러한 네 단계의 사랑은 이 책의 마지막 장(39-40장)에 다시 한 번 간략하게 정리되어 있다. 첫째, 육체적 열망 cupiditas carnalis의 산물인 인간은 육체적인 측면에서 진정한 사랑을 시작한다. 둘째, 인간에게 필요한 것을 주시는 하나님을 사랑한다. 셋째, 인간은 명상, 기도, 그리고 성경을 통해 하나님을 인식한다. 넷째, 인간은 이 땅에서의 죽음과 다시 맞게 될 육체의 부활 사이에 최종적인 완전한 행복을 기대하며 지낸다. 이 마지막 단계는 인간이 하나님 안으로 통과해 들어가는 단계이다.

'사랑'이라는 주제는 중세 수도원에서의 삶과 문학에서 중요한 역할을 했다. 사랑 개념은 〈아가〉서와 〈시편〉을 중심으로 한 성경 해석뿐만 아니라, 수도사들의 실천적인 삶과 신학적 이해에도 중요한 역할을 했다. 제도화된 의례와 의식을 강조하던 당시의 클루니 수도원에 맞서 베르나르는 사랑이라는 기독교의 근본적인 가르침을 강조했다. 진정한 사랑의 의미를 설명할 때에도 수도원의 용어와 신학 대신 자연과 인간의 본성에 기초하여 설득력 있는 논리를 펼쳐나갔다. 그는 논리적 정연함과 터

질듯이 풍만한 사랑의 이미지를 적절하고 균형 있게 다루었다. 또한 사랑을 나타내는 다양한 라틴어 용례를 자신이 전개한 신학적, 영적인 통일성과 일관성 안에서 이끌어내고 있다. 인간의 육신과 하나님이 주도한 사랑 사이의 긴장과 역설 역시 전체적인 이야기를 매끄럽게 이끌어주고 있다.

이런 맥락에서 《하나님을 사랑하는 것에 관하여》와 가장 잘 어울리는 베르나르의 〈아가〉서 설교 두 편을 이 책에 추가했다. 사랑의 본질과 특징을 논하는 이 설교들은 베르나르의 깊은 성경주석과 해석의 맛을 더 풍부하게 느끼게 해줄 것이다.

다른 세계 종교와 비교할 때 기독교는 '사랑' 개념을 주된 상징으로 삼아왔다. 그러나 16세기 개신교의 등장 이래 진행된 종교에 대한 합리성과 이성의 도전으로 인해 기독교에서는 '사랑'이나 '소망'보다 '믿음'을 더 강조하게 되었다. 현대 기독교인들, 특히 한국 기독교인들 역시 사랑보다 믿음을 강조하고 있다. 개인적인 믿음에서는 성공을 이루었지만 타인과 사회에 대한 배려와 사랑 문제에서는 실패했다는 지적은 이런 맥락에서 나온다. 각박한 현대문명, 위기에 봉착한 한국교회의 현실을 넘어서기 위해서는 사랑에 대한 강조를 회복해야 한다. 바로 이것이 우리가 베르나르의 글을 다시 읽어야 하는 이유다.

《하나님을 사랑하는 것에 관하여》

De diligendo Deo

클레르보의 수도원장 베르나르가 로마 교구의 부제副祭 추기경이자 고문인 탁월하신 아이메릭Haimeric 경에게.

주님을 위해 살다가 주님 품에 안기기를 빕니다. 대게 당신은 나에게 질문에 대한 대답을 요구한 것이 아니라 기도를 부탁해 왔습니다. 그러나 나는 진실로 대답이나 기도, 그 어느 것도 행할 자격이 없음을 고백합니다. 비록 내가 마땅히 살아야 하는 대로 살고 있지 못함에도 불구하고 기도는 나의 직분입니다. 사실 나는 당신이 부여한 임무를 수행하는 데 필요한 능력과 근면함이 부족합니다. 그럼에도 불구하고 당신이 세상적인 선물에 대한 답례로 영적인 선물을 부탁했기에 내 마음이 기쁜 것은 사실입니다 고전 9:11. 나보다 영적인 은사가 더 풍부한 사람에게 부탁했을 수도 있기 때문입니다.

교육을 받은 사람이나 안 받은 사람이나 모두 변명하려는 습성이 있습니다. 그래서 임무 수행을 통해 그런 문제를 분명하게 밝히지 않는다면, 아마 당신은 그것이 자신의 무능력 때문인지, 아니면 자기변명에 의한 겸손 때문인지 분간하기 어려울 것입니다. 조금 부족할지라도 부디 내가 하는 말에 귀를 기울여주십시오. 그렇지 않으면 침묵으로 인해 나는 철학자로 여겨질 것입니다.

당신이 제기한 모든 질문에 대답해 주겠다는 약속은 못할 것 같습니다. 다만 나는 하나님을 사랑하는 것에 관해 하나님께서 내게 알려주시는 것만을 대답할 것입니다. 이 주제는 그 무엇보다 감미롭고, 강한 확신 속에서 다루어져야 하며, 그 누구든지 듣는 사람에게는 보다 큰 유익이 될 것입니다. 당신이 제기한 다른 문제들은 그것에 대답할 자격이 있는 사람들을 위해 남겨두십시오.

I. 1. 당신은 나에게 하나님이 왜, 그리고 어떻게 사랑을 받으셔야 하는지 듣기를 원합니다. 나의 대답은 하나님 그분 스스로가 [우리가] 하나님을 사랑하는 이유라는 것입니다. 하나님을 사랑하는 방법에는 어떤 기준도 없습니다. 충분한 대답이 되었습니까? 아도 그럴 것이라고 생각합니다. 이는 오직 지혜로운 자들에게만 그럴 것입니다. 그러나 나는 지혜롭지 못한 자들에게 역시 일말의 빚을 지고 있기 때문에롬 1:14, 그들을 위해 지혜로운 자들에게 충분한 대답에 몇 가지 말을 첨가하고자 합니다. 때문에 나는 좀 더딘 사람들을 위해 각각의 항목에 대해 심오하지까지는 아니더라도, 자세하게 다루는 것을 귀찮게 여기지 않겠습니다.

하나님께서 그분 자신을 위해 사랑을 받아야 한다고 말하는 데에는 두 가지 이유가 있습니다. 즉 그 누구도 [그분보다] 더 타당하게, 그리고 더 큰 유익으로 사랑을 받을 수 없습니다. 하나님께서 왜 사랑을 받으셔야 하는가 하는 질문에는 두 가지 의미가 들어 있습니다. 우리는 하나님께서 지니신 가치 때문에 사랑을 받으셔야 하는지, 혹은 우리의 유익 때문에 사랑을 받으셔야 하는지 의문을 가질 수 있습니다. 그러나 두 가지 질문에 나는 같은

하나님을 사랑하는 것에 관하여 • 25

답을 가지고 있습니다. 나는 하나님 그분 스스로 외에는 그분을 사랑할 다른 어떤 합당한 이유도 알지 못하기 때문입니다. 그럼 하나님께서 우리의 사랑을 받기에 얼마나 합당하신 분인지 먼저 살펴보겠습니다.

하나님이 그분 자신 때문에 어떻게 사랑받아야 하는가?

우리에게 그럴 만한 가치가 없을 때 그분 자신을 우리에게 내어주신 하나님께서는 확실히 우리로부터 많은 것을 받으실 가치가 있습니다 갈 1:4. 하나님께서 어떻게 그분 자신보다 더 좋은 것을 우리에게 줄 수 있겠습니까? 그러므로 하나님께서 왜 사랑을 받으셔야 하는가를 물으면서 그분이 사랑받아야만 하는 합당성에 관해 묻는다면, "그분이 먼저 우리를 사랑했기 때문"이라고 대답할 수 있습니다 요일 4:9-10. 사랑을 베푸시는 그분의 존재, 그분이 사랑하는 사람들, 그리고 그분의 넘치는 사랑에 대해 생각해 본다면, 이에 대한 보답으로 그분은 확실히 사랑을 받을 만한 가치가 있습니다. 그분이 바로 모든 영이 "당신은 나의 하나님이오니 당신은 내가 가진 모든 선함을 필요로 하지 않으시나이다"시 16:2라고 고백하는 분이 아닙니까?

이러한 신적인 사랑이야말로 참된 사랑인데, 그것은 자신을 위해서는 아무것도 원하지 않는 분의 사랑이기 때문입니다고전 13:5. 그러한 순수한 사랑을 누구에게 보이셨습니까? "우리가 원수 되었을 때에 그의 아들의 죽으심으로 말미암아 하나님과 화목하게 되었은즉"이라고 기록되어 있습니다롬 5:10. 그분은 이렇게 가장 크신 관대함으로 원수들까지 사랑했습니다.

그분은 얼마나 많이 사랑했습니까? 사도 요한은 "하나님이 세상을 이처럼 사랑하사 독생자를 주셨으니"라고 말합니다요 3:16. 사도 바울은 "자기 아들을 아끼지 아니하시고 우리 모든 사람을 위하여 내어주신 이"라고 말합니다롬 8:32. 성자 하나님 역시 "친구를 위하여 목숨을 버리면 이보다 더 큰 사랑이 없나니"라고 말씀하셨습니다요 15:13. 그러므로 의로우신 분은 악한 자들에 의해 사랑받을 가치가 있으며, 가장 높으시고 전능하신 분은 약한 자들에 의해 사랑받을 가치가 있습니다롬 5:6-7.

그러나 어떤 사람들은 "이것은 인간에게는 참이지만 천사들에게는 해당되지 않는다"고 말합니다. 그것은 사실입니다. 어려움에 처한 인간을 돕기 위해 오신 하나님께서 천사들에게는 그러한 도움이 필요하지 않도록 하셨습니다. 인간이 인간 본래대로 남아 있지 않도록 허락하신 하나님께서 동일한 사랑으로 천사들에게는 그러한 상태에 떨어지지 않을 수 있는 은총을 주셨습니다.

II. 2. 나는 이것을 분명하게 본 사람들은 왜 하나님께서 사랑을 받으셔야 하는지, 즉 왜 하나님께서 사랑받을 만한 가치가 있는지 알게 될 것이라고 생각합니다. 믿지 않는 사람들이 이러한 사실들을 은폐할지라도 하나님께서는 그들에게 유익을 주는 헤아릴 수 없는 선물인 친절함을 통해 언제나 그들의 배은망덕을 분명하게 드러내실 수 있습니다. 어느 누가 모든 먹는 이에게 음식을, 모든 보는 이에게 빛을, 모든 숨 쉬는 이에게 공기를 공급해 주겠습니까? 그러한 은혜들이 셀 수 없이 많기에 이를 세어보고자 하는 것은 참으로 어리석은 일입니다. 빵, 태양, 공기 등 인간에게 '중요한' 것들을 예로 드는 것만으로 충분합니다. 내가 '중요한' 것들이라고 말하는 이유는 그것들이 다른 선물보다 더 값져서가 아니라 보다 필수적으로 생존을 위해 반드시 필요하기 때문입니다.

당신은 당신 안에 있는 보다 높은 영역, 즉 영혼 안에서 존엄, 지식, 그리고 덕과 같은 선을 추구해야 합니다. 인간의 존엄이란 자유의지를 뜻하며, 이 자유의지에 의해 인간은 동물들보다 더욱 우수한 존재가 됨으로써 그들을 다스리게 되었습니다^{창 1:26}. 지식에 의해 인간은 자신이 존엄한 존재라는 사실과 그 존엄이 자신 안에서 비롯된 것이 아니라는 사실을 알게 됩니다. 인간은 덕을 통해 자신의 창조주를 열심히 찾다가 그분을 발견했을 때 온 힘을 다해 매달립니다.

II. 3. 이 세 가지 선물은 각각 두 가지 측면을 지니고 있습니다. 존엄은 자연적인 특권일 뿐만 아니라, 자연을 지배할 수 있는 힘입니다. 실로 땅 위의 모든 생명체는 인간에 대해 두려움을 느끼고 있는 것처럼 보입니다^{창 9:2}. 지식 또한 두 가지 측면을 지니고 있습니다. 지식은 우리가 존엄을 이해하고 있고, 우리 안에 자연적 특성이 존재하고 있으며, 이것들이 우리 안에서 생겨난 것이 아니라는 사실을 알게 해줍니다. 덕도 마찬가지로 두 가지 측면을 지니고 있습니다. 덕에 의해 우리는 창조주를 찾으며, 그분을 발견하면 떨어지지 않기 위해 매달립니다.

결과적으로 지식 없는 존엄은 아무것도 아니며, 덕이 없는 지식은 방해물이 될 수도 있습니다. 이것이 바로 두 가지 양상이 나타나는 이유입니다. 우리가 가지고 있다는 사실을 모르는 무언가를 소유하고 있다면 이것이 무슨 영광이 되겠습니까? 한편 우리가 가지고 있는 것이 우리 자신에게서 비롯되지 않았다는 사실을 모르는 것이 영광일 수는 있지만 하나님 앞에서는 아닙니다롬 4:2.

사도는 스스로를 영화롭게 하는 자에게 말합니다: "네게 있는 것 중에 받지 아니한 것이 무엇이냐 네가 받았은 즉 어찌하여 받지 아니한 것같이 자랑하느냐"고전 4:7. 그는 단순히 '네가 왜 자랑하느냐'라고 말하지 않습니다. 죄란 어떤 것을 자랑하는 데 있는 것이 아니라, 마치 받은 선물이 아닌 것처럼 여기는 데 있다는 것을 강조하기 위해 '받지 아니한 것같이'라는 구절을 더하고 있습니다. 이런 것을 허영이라 불러 마땅한데, 이는 진리라는 견고한 기초 위에 세워지지 않았기 때문입니다. 성 바울은 진리와 허영의 차이를 다음과 같이 지적합니다: "자랑하는 자는 주 안에서 자랑하라"고전 1:31; 고후 10:17; 렘 9:23-24. 즉 진리 안에서 자랑하라는 말입니다. 왜냐하면 주님 자신이 진리이기 때문입니다요 14:6.

II. 4. 당신이 알아야 하는 것이 두 가지 있습니다: 하나는 당신이 누구인가이며, 다른 하나는 당신이 누구이든 당신 자신의 능력에 의한 것이 아니라는 사실입니다. 그럴 경우 자랑할 수는 있지만 허망한 가운데 자랑하지는 않을 것입니다. 당신이 당신 자신을 모른다면 당신과 함께 하는 무리를 다르라는 말이 있습니다아 16:7. 이것은 실제로 있었던 일입니다. 높은 영예를 부여받은 인간이 자신이 받은 은총에 감사하지 않는다면, 그는 마땅히 타락한 상태에서 죽어야 할 운명을 공유하고 있는 짐승들과 다를 바가 없습니다시 49:12.

다음과 같은 경우에도 마찬가지입니다. 사람이 이성의 선물에 감사하지 않고 이성이 없는 짐승들 무리와 어울려 시간과 능력을 허비할 때, 자신 안에 있는 영광을 무시할 때, 감각적인 외형적 대상들을 본으로 삼을 때, 쉽게 호기심에 빠져 짐승들보다 더 좋은 어떤 것을 받았다는 사실을 망각함으로써 짐승들과 다를 바 없게 되었을 때에 그렇습니다.

그러므로 우리는 자신에 대해 스스로 생각해야 하는 것들을 당해하는 무지를 크게 두려워해야 합니다. 또한 우리는 우리 자신을 본래의 자신보다 더 대단한 존재라고 생각하게 만드는 무지를 더욱더 두려워해야 합니다. 그런 생각은 우리 안에 있는 선한 것이 우리 자신으로부터 비롯된다고 스스로를 기만할 때 발생합니다.

그러나 당신은 당신 자신의 것이 아니며, 자신의 능력 역시 그러하다는 것을 너무나 잘 알고 있는 선한 것들 안에서 당신이 고의적으로 자신의 영광을 추구하는 주제넘은 행위는 위의 두 가지 것들보다 더욱더 혐오하고 피해야 합니다. 그렇지 않을 경우, 당신은 다른 이의 영광을 훔치는 것을 부끄러워하지 않을 것입니다. 참으로 첫 번째 종류의 무지에는 영광이 없습니다. 두 번째 종류의 무지에는 영광이 있기는 하지만 하나님의 관점에서는 영광이 아닙니다롬 4:2. 그리고 세 번째 경우처럼 알면서 저지르는 악은 하나님을 거스르는 반역 행위입니다.

마지막으로 무지로 인한 오만함은 더욱더 나쁘고 위험합니다. 두 번째 종류의 무지가 우리로 하여금 하나님을 무시하게 만든다면, 무지로 인한 오만함은 하나님을 경멸하도록 이끌기 때문입니다. 그것이 첫 번째 무지보다 더 나쁘고 역겨운 이유는 첫 번째 무지가 우리를 짐승과 유사한 상태로 만든다면, 세 번째 오만은 우리를 악마의 친구로 전락시키기 때문입니다. 당신에게 주어진 선물을 마치 본래 당신의 타고난 것인 양 사용하는 것, 그리고 그 관대한 증여자 분께 속하는 영광을 자신에게 돌리는 것은 교만이며, 이는 가장 커다란 죄입니다.

II. 5. 존엄과 지식은 둘의 열매라고 할 수 있는 덕을 향해 나아가야 합니다. 덕을 통하여 우리는 모든 선한 것의 증여자이신 분을 추구하고 매달리게 되며, 그분이 선사한 모든 것으로 인하여 그분이 마땅히 받아야 할 영광을 돌리게 됩니다. 반면 어떤 사람이 옳은 일을 어떻게 해야 하는지 알면서도 하지 않는다면, 그 사람은 큰 징계를 받을 것입니다눅 12:47. 왜 그럴까요? 그것은 "그가 어떻게 행할 것인가에 대해 깨닫기를 원하지 않기"시 36:3 때문입니다. 이뿐 아니라 "그는 그의 침상에서 죄악을 꾀하"시 36:4기도 합니다. 그는 사악한 종과도 같이 자신을 위해서 하나님께서 주신 것이고, 그것이 자신으로부터 비롯된 것이 아니라는 사실을 분명히 알고 있기에 마땅히 위에 계신 분께 돌려야 할 선하신 주님의 영광을 낚아채 훔치고자 애를 씁니다.

한편 지식이 없는 존엄은 전혀 쓸모가 없고, 덕이 없는 지식은 비난받아 마땅합니다. 실로 덕이 있고 비난받지 않을 만한 지식과 열매가 있는 존엄을 소유한 사람은 하나님께 소리 높여 자유롭게 고백합니다: "여호와여 영광을 우리에게 돌리지 마옵소서 우리에게 돌리지 마옵소서 오직 주는 인자하시고 진실하시므로 주의 이름에만 영광을 돌리소서"시 115:1. 다시 말해서 '주님, 우리는 어떤 존엄이나 지식도 우리 자신에게 있다고 믿지 않습니다. 우리는 그 모든 것을 당신의 이름으로 돌립니다. 왜냐하면 모든 것이 당신으로부터 온 것이기 때문입니다.'

II. 6. 지금까지 우리는 그리스도를 알지 못하는 사람들에게 변명의 여지가 없다는 것을 보여주기 위해 주제로부터 멀리 돌아서 왔습니다. 그리스도를 모르는 사람이라 할지라도 자연 법칙과 감각적 인식 능력을 통하여 자신을 위해 하나님을 사랑해야 한다는 것을 충분히 배웁니다. 사실 이 세상 그 누가, 혹 믿지 않는 사람이라 할지라도 이 세상에서 살아나가는 데 반드시 필요한 것들을 누군가로부터 받아왔다는 사실을 알지 못하겠습니까?

앞에서 언급한 것처럼 인간에게 필수적인 것이란 생존하고, 보고, 숨 쉬는 데에 반드시 필요한 것들을 말합니다. 그것들이 다른 누구도 아닌 바로 그분, 즉 모든 육체에게 먹을 것을 주시고시 136:25, 선한 자들에게나 악한 자들 모두에게 똑같이 태양이 떠올라 운행토록 하시고, 의로운 이들과 불의한 이들 모두에게 비가 내리도록 만드시는 그분으로부터 온다는 것을 알지 못하는 사람이 어디 있겠습니까마 5:45? 다시 말해 그 누가, 비록 그가 사악하다 할지라도, 그의 영혼 안에서 빛나는 인간적 존엄이 〈창세기〉에서 "우리의 형상을 따라 우리의 모양대로 사람을 만들자"창 1:26라고 말씀하신 분 외에 다른 존재로부터 왔다고 생각하겠습니까? 그 누가 지식의 증여자를 인간에게 지식을 가르치시는 분이 아닌 다른 존재로 생각할 수 있겠습니까시 94:10? 또한 그 누가 모든 덕의 근원이신 주님의 손 외에 다른 어떤 근원으로부터 덕이라는 선물을 받았다고 생각하겠으며, 또한 받기를 희망할 수 있겠습니까?

그러므로 하나님께서는 그분 스스로가 불신자들에게조차 사랑받을 가치가 있습니다. 그들이 그리스도에 대하여 무지하더라도 자기 자신은 알고 있기 때문입니다. 따라서 불신자들 포함한 모든 이들이 온 마음을 다해, 온 영혼을 다해, 온 힘을 다해 하나님을 사랑하지 않는다면

하나님을 사랑하는 것에 관하여 • 35

별다르게 변명할 여지가 없습니다^{막 12:30}. 인간의 이성이 인식하고 있는 정의에 대한 분별력을 타고난 인간이 온 힘을 다하여 하나님을 사랑해야 한다고 외치고 있는 이유는 그가 모든 것을 하나님께 빚지고 있다는 사실을 알고 있기 때문입니다.

그러나 인간은 하나님으로부터 자유 의지라는 능력을 부여받았기 때문에 자신을 위해서가 아니라, 하나님을 위하여 무언가를 의도하더라도 자신의 의지를 전적으로 굽히기란 매우 어렵습니다. 그것은 아마도 불가능할 것입니다. 그는 하나님께 받은 것을 자신의 것으로 여기고 혼자 독차지하려는 유혹에 빠집니다.

이와 관련하여 "그들이 다 자기의 일을 구하고"^{빌 2:21}와 "사람의 마음이 계획하는 바가 어려서부터 악함이라"^{창 8:21} 같은 기록이 있습니다.

III. 7. 이와 반대로 신실한 사람들은 그들이 얼마나 전적으로 예수, 특히 십자가에 못 박힌 그분을 필요로 하는지 잘 알고 있습니다^{고전 2:2}. 그들은 모든 지식을 넘어서는 그리스도의 지고한 사랑에 경탄하고, 그것을 향해 나아갑니다^{엡 3:19}. 그들은 그런 위대한 사랑과 영광에 보답하지 못하는 것을 부끄러워합니다.

우리가 사랑받고 있다는 사실을 확실하게 알면 알수록, 우리는 보다 쉽게 그 사랑에 보답하는 자신을 발견하게 될 것입니다. 적게 용서받은 자는 적게 사랑하게 마련입니다눅 7:47. 유대인과 이방인은 교회가 경험하는 것과 같은 사랑의 상처에 대해 감동하지 않습니다. 교회, 즉 그리스도의 신부는 "너희는 건포도로 내 힘을 돕고 사과로 나를 시원하게 하라 내가 사랑하므로 병이 생겼음이라"아 2:5라고 말합니다. 교회는 그의 어머니가 그의 머리에 씌워준 왕관을 쓰고 있는 솔로몬을 봅니다아 3:11. 교회는 십자가를 지고 가는 하나님 아버지의 독생자요 19:17, 채찍질 당하고 침 뱉음을 당하는 존엄한 주님고전 2:8을 봅니다. 교회는 십자가에 못 박히고, 창에 찔리고요 19:34, 조롱으로 수모를 당하고렘 3:30, 마침내 벗들을 위해 고귀한 생명을 버린렘 12:7; 요 15:13 생명과 영광의 주인행 3:15이신 분을 봅니다. 교회가 이러한 것들을 바라볼 때, 사랑의 칼은 그녀의 영혼을 더욱 더 깊이 찌르고, 그녀는 "너희는 건포도로 내 힘을 돕고 사과로 나를 시원하게 하라 내가 사랑하므로 병이 생겼음이라"아 2:5라고 노래합니다.

하나님을 사랑하는 것에 관하여 • 37

석류 열매는 어디에서 나는가?

과일들이 신부가 사랑하는 이의 정원으로 가지고 온 석류 열매아 6:10라는 것은 의심의 여지가 없습니다. 그것들은 생명나무창 2:22에서 딴 것으로, 맛은 하늘나라의 빵 같고, 색깔은 그리스도의 피의 색으로 변화되었습니다. 마침내 교회는 사망이 죽고, 죽음의 권세자가 패배했음을 봅니다히 2:14. 교회는 사로잡힌 포로들이엡 4:8 지옥에서 지상으로, 지상에서 천국으로 끌려다니는 것과 하늘에서나 땅 위에서나 지옥에서나 모든 만물이 예수의 이름 앞에 무릎 꿇은 것을 바라보게 됩니다빌 2:10. 고대 에덴 동산의 저주 이래 이 세상은 가시와 엉겅퀴를 내었습니다. 이제 교회는 새로워진 축복의 은총 아래 이 땅에 다시금 꽃이 피는 것을 보게 되면서 다음과 같은 말씀을 기억합니다. "내 마음이 크게 기뻐하며 내 노래로 그를 찬송하리로다"시 28:7. 교회는 십자가 나무에서 거둔 석류 열매에 부활의 꽃들을 보태기 원하는데, 그 꽃은 다른 어떤 것보다 매우 향기로워서 신랑이신 그분이 그녀를 보다 자주 방문하게 만들 것입니다.

III. 8. 그러고 나서 그녀는 "내 사랑아 너는 어여쁘고 어여쁘다 우리의 침상은 꽃으로 뒤덮여 있구나"아 1:15라고 말합니다. 그녀는 침상에 대한 언급을 통해 자신이 바라는 것이 무엇인지 명확하게 보여주며, 침상이 꽃으로 뒤덮여 있다고 말함으로써 그녀가 원하는 것이 왜 받아들여지기를 소망하는지 분명히 제시하고 있습니다. 그것은 그녀 자신의 유익을 위함이 아니라, 주님이 축복했던 들판에 있는 꽃들을 위해서입니다창 27:27. 그리스도는 꽃을 사랑했습니다. 그는 나사렛에서 잉태되고 성장하기를 원했습니다눅 1:26이하. 하늘나라의 신랑은 그 향기를 아주 즐기게 되면서 자주, 그리고 기꺼이 그 마음의 침실에 들어갑니다. 그곳에서 그는 쌓여 있는 열매와 흩뿌려진 꽃들을 브게 됩니다. 다시 말해 그분은 자신의 수난의 은총과 부활의 영광에 대한 끊임없는 성찰을 한 것입니다. 그분은 바로 그곳에서 영원히 기쁘게 거합니다.

수난의 상징들은 지난날의 열매, 즉 죄와 죽음의 지배하에서 허비한 모든 시간들로부터 온 열매입니다. 때가 되면 열매들이 나타납니다갈 4:4. 그러나 보십시오, 부활의 표징들은 은총의 새 여름날에 피는 새로운 시대의 꽃들과 같습니다. 그 열매는 마지막에 오게 될 보편적 부활로 영원토록 지속될 것입니다. "겨울도 지나고 비도 그쳤고 지면에는 꽃이 피고 새가 노래할 때가 이르렀는데"^{아 2:11-12}. 이 말씀은 죽음의 싸늘함을 새 생명이 움트는 따스한 봄으로 변화시킨 그분과 함께 여름이 왔다는 것을 의미합니다. 그분은 "보라 내가 만물을 새롭게 하노라"^{계 21:5}라고 말씀하십니다. 그분의 육체는 죽음 가운데 심겨졌고, 부활 안에서 다시 피어났습니다^{고전 15:42}. 그분의 향기가 우리 '계곡'의 들판에 있는 메마른 풀들을 다시금 푸르게 합니다. 싸늘했던 것이 다시 따뜻하게 변하고, 죽었던 것이 생명을 되찾게 됩니다.

III. 9. 아버지께서는 모든 것을 새롭게 하는 당신의 아들에게서 꽃과 열매들의 신선함, 향긋한 냄새를 풍기는 들판의 아름다움을 통해 큰 기쁨을 취합니다. 그래서 그분은 "내 아들의 향취는 여호와께서 복 주신 밭의 향취로다"^{창 27:27}라고 말씀하십니다. 그 풍요로운 들판과 풍성함으로 인하여 우리는 모든 것을 받았습니다^{요 1:16}.

신부는 몹시 큰 자유를 누리게 됩니다. 원한다면 언제든지 이 들판에서 열매들을 거두고, 꽃들을 취할 수 있기 때문입니다^{아 7:13}. 그녀는 은밀한 마음 깊은 곳에 그것들을 뿌려서, 신랑이 그녀의 마음의 침실에 들 때 향기로운 향이 가득하게 합니다.

이처럼 그리스도를 친숙한 분으로 맞아들이기 원한다면엡 3:17, 우리 마음을 신앙 고백으로 견고하게 만들어야 합니다. 신앙은 우리를 위해 죽으신 그분의 자비를 믿는 것이며, 죽음에서 다시 살아나신 그분의 능력을 믿는 것입니다. 이는 다윗의 말을 통해서도 알 수 있습니다: "하나님이 한두 번 하신 말씀을 내가 들었나니 권능은 하나님께 속하였다 하셨도다 주여 인자함은 주께 속하였사오니"시 62:11-12. 따라서 이 두 가지 고백은 온전히 믿을 만합니다시 92:5. 그리스도는 우리의 죄 때문에 죽으셨고, 우리를 의롭게 만들기 위해 부활하셨습니다롬 4:25. 그분은 우리를 보호하기 위해 하늘로 올라가셨고막 16:19, 우리를 위로하기 위해 성령을 보내셨습니다요 16:7; 행 9:31. 그리고 언젠가는 모든 것을 완성하기 위해 우리에게로 돌아오실 것입니다. 그분은 죽어가면서 자비를, 부활을 통해서는 능력을 보여주셨습니다. 또한 여러 행적들을 통해 이 두 가지를 다 보여주셨습니다.

III. 10. 이제 신부는 열매들과 꽃들에 둘러싸여 자양분을 받고자 간청합니다. 나는 그녀가 매우 민감하기 때문에 침실로 인도될 때까지아 2:5; 3:4 자신의 사랑이 격려와 지지를 얻지 못할 경우 사랑의 열정이 쉽게 식을 수 있다고 생각합니다. 침실에서 그녀는 오랫동안 열망해 온 포옹을 할 것이며잠 7:18, 다음과 같이 고백할 것입니다. "그가 왼팔로 내 머리를 고이고 오른팔로 나를 안는구나"아 2:6.

그때 그녀는 그가 처음 찾아왔을 때 받았던 모든 사랑의 고백들이 진실임을 알게 되고 체험하게 될 것입니다. 그러나 이는 사랑하는 이의 왼팔로부터 오는 것과 같아서 오른팔로 안아주는 것에 비해 훨씬 덜 감미롭고 덜 가치롭게 느껴질 것입니다. 그녀는 "살리는 것은 영이니 육은 무익하니라"요 6:63라고 들었던 것을 경험하게 될 것입니다. 그리고 그녀가 "나의 영은 꿀보다 달고 나의 소유는 송이 꿀보다 더 달다"집회서 24:27, 또한 "나에 대한 기억이 세상에서 영원토록 지속되리라"집회서 24:28고 들었던 것을 실제로 증거하게 될 것입니다. 이 말씀은 한 세대에서 다음 세대로 이어지는 이 세상이 지속되는 한전 1:4, 즉 선택받은 사람들이 하나님이 임재하시는 잔치를 누리게 되는 그날까지 기억에 대한 위로가 그치지 않을 것임을 의미합니다. 그래서 "그들이 당신의 달콤함에 대한 기억을 널리 알릴 것입니다"시 145:7라는 말씀이 앞서 "오고 오는 세대들이 주의 업적을 칭송할 것입니다"라는 말씀을 들을 사람들을 위해 기록되어 있다는 것은 의심할 여지가 없습니다. 기억은 이 세상에서 계속되는 세대를 위해 있으며, 임재는 하늘나라에 속해 있습니다. 선택받은 사람들은 이미 그 자리에서 그분의 임재하시는 영광을 누리고 있습니다. 이 세상의 순례길에 서 있는 사람들은 여전히 회상을 통해 위로를 받고 있기 때문입니다.

IV. 11. 어떤 세대가 하나님을 기억하건서 위로를 받을 것인가에 대해 주목할 필요가 있습니다. "그러나 화 있을진저 너희 부요한 자여 너희는 너희의 위로를 이미 받았도다"눅 6:24라는 말씀을 들은 세대는 악하고 완고한 세대가 아닙니다시 78:8. 오히려 "내 영혼이 위로받기를 거절하였다"시 77:2고 말할 수 있는 세대입니다. 여기에 "나는 주님만을 기억하고 기뻐했다"시 77:3라는 말씀을 더하는 것이 우리의 참된 태도입니다. 현존하는 것들을 기뻐하지 않는 사람들은 앞으로 올 것들에 대한 회상 속에서 살아가야만 하고, 풍요로우나 쉽게 변하는 것들에 위로받는 것을 거절한 사람들은 영원을 생각하면서 기쁨을 발견해야 하는 것이 참으로 옳습니다. 이들은 주님을 추구하는 세대로시 24:6 그들 자신의 유익이 아니라고전 13:5, 야곱의 하나님의 얼굴을 구합니다.

그렇게 함으로써 기억은 하나님의 현존을 추구하고 바라는 자들에게 즐거움이 됩니다. 이것은 그들의 열망을 만족시키지 않고, 오히려 더 열망하게 만듭니다. 하나님께서는 그분의 방법으로 선택받은 사람들을 먹이신다고 증언하고 있습니다. "나를 먹는 자는 영원히 주리지 않으리라"요 6:35. 그리고 그분에 의해 양육된 자는 "나는 의로운 중에 주의 얼굴을 뵈오리니 깰 때의 주의 형상으로 만족하리로다"시 17:15라고 말합니다.

지금 의에 주리고 목마른 자들은 복이 있는데마 5:6, 언젠가는 오직 그들만이 만족을 누리게 될 것이기 때문입니다. 악하고 타락한 세대여, 저주가 있을지어다! 어리석고 우둔한 백성들이여렘 4:22, 5:21, 과거를 회상하는 것을 꺼리고 미래를 두려워하는 너희에게 화가 있을지어다! 당신은 지금도 사냥꾼의 올무에서 벗어나기를 원하지 않습니다시 91:3, 124:7. 그러나 이 세상에서 부자가 되기를 원하는 사람들은 악마의 올무에 빠지게 될 것입니다딤전 6:9. 결국 당신은 "저주를 받은 자들아 나를 떠나 마귀와 그

사자들을 위하여 예비된 영원한 불에 들어가라"마 25:41라
는 가혹하고 잔인한 말들을 듣게 될 것입니다. 이런 말은
교회에서 매일 그리스도의 수난을 기억하면서 우리를 위
해 "내 살을 먹고 내 피를 마시는 자는 영생을 가졌고"요
6:54라고 반복해서 말하는 것보다 더 가혹하고 두려운 말
입니다. 말하자면 '나의 죽음을 기억하고 나의 본을 따
르면서 이 세상에 속한 사람들을 당황하게 하는 사람은'
골 3:5 영원한 생명을 얻었다는요 3:36 말입니다. 이 말씀은
"네가 만약 나와 함께 고통을 받는다면, 나와 함께 다스
리게 될 것이다"롬 8:17; 딤후 2:12라는 것을 의미합니다.

이런 말을 듣고 많은 이들이 물러갔으며 예수를 버렸
습니다요 6:67, 18:6. 그리고 "이 말씀은 어렵도다 누가 들을
수 있느냐"요 6:60라고 대답했습니다. 마음을 연단하지 않
고, 영은 하나님을 신뢰하지 않으면서 부질없는 부를 소
망하는딤전 6:17 세대는 십자가의 복음에 억압을 느끼고
고전 1:18, 수난에 대한 기억을 짐으로 생각합니다. 그러므
로 그들이 "저주를 받은 자들아 나를 떠나 마귀와 그 사
자들을 위하여 예비된 영원한 불에 들어가라"마 25:41라는
말을 들었을 때 그 말씀의 무게를 어떻게 감당할 수 있
겠습니까? 이 말씀의 돌은 그것이 떨어지는 곳을 파괴할

하나님을 사랑하는 것에 관하여 • 45

것입니다마 21:44.

그러나 하나님의 현존 앞에 있든지, 혹은 현존으로부터 떠나 있든지고후 5:9 사도들과 함께 하나님을 기쁘시게 하고자 하는 의로운 세대는시 112:2 복을 받을 것입니다. 그들은 "내 아버지께 복 받을 자들이여 나아와 창세로부터 너희를 위하여 예비된 나라를 상속받으라"마 25:34 등의 말씀을 들을 것입니다.

그러므로 마음을 연단하지 않은 세대는시 78:8 자신들이 가는 길이 거칠고 힘겨운 양 뻣뻣한 목을 움츠림으로써, 그리스도의 멍에가 그들이 준 슬픔과 비교했을 때 얼마나 가벼운가를마 11:30 너무 늦게 배우게 될 것입니다.

오, 맘몬의 비참한 종들이여마 6:24, 당신은 우리 구주 예수 그리스도의 십자가에서 영광을 얻지 못할 것이며갈 6:14, 많은 돈을 얻으려 하거나 금을 쫓아다니는딤전 6:17 동시에 주님이 얼마나 달콤한 분인가를 맛보지 못할 것입니다. 그래서 당신은 당신이 그 가혹한 기억 속에서 달콤함을 발견할 수 없었던 그분 앞에 설 때 비로소 그분이 얼마나 달콤한가를 발견하게 될 것입니다.

IV. 12. 반면에 충성스러운 영혼은 그의 임재 앞에서 깊은 숨을 들이마시고, 그를 생각하면서 평화롭게 안식하고, 하나님의 얼굴을 대면하여 봄으로써[고후 3:18] 계시된 그 얼굴의 영광을 소유하기에 적합할 때까지 십자가의 수치를 영광스럽게 해야 합니다[갈 6:14]. 그리스도의 신부와 비둘기는 그때까지 기다립니다. 그럼으로써 그녀는 자신이 받은 유산에서 안식을 취합니다. 그 유산은 예수 그리스도의 충만한 달콤함[시 145:7]과 은으로 입힌 날개들[시 68:13], 그리고 순수하고 정결한 정직함에 대한 기억을 통해 그녀의 몫이 되었기 때문입니다. 그녀는 당신의 얼굴빛에서 느끼게 될 기쁨에 소망을 둡니다[시 16:11]. 그러므로 그녀가 기쁨으로 성도들의 광채를 향해 인도될 때[시 110:3], 그녀의 등마저 금처럼 같이 반짝일 것입니다. 이를 통해 지혜의 광선이 더 밝게 그녀를 비출 것입니다.

그녀는 당신께 영광을 돌리며 "그가 왼손으로 내 머리에 베개하고 오른손으로 나를 안는구나"[아 2:6]라고 말할 것입니다. 그분의 왼손은 그 무엇도 능가할 수 없는 그분의 사랑에 대한 기억을 상징합니다. 그분은 그분의 친구들을 위해 생명을 버렸기 때문입니다[요 15:13]. 이에 반해 그분의 오른손은 그분이 그분의 친구들에게 약속한 복된 비전과 그분의 엄위하신 현존에 대한 기쁨을 의미합니

하나님을 사랑하는 것에 관하여 • 47

다. 우리가 그와 닮도록 만들어준 하나님에 대한 비전, 그리고 신적 현존에 대한 헤아릴 수 없는 기쁨은 〈시편〉 기자가 "주의 오른쪽에는 영원한 즐거움이 있나이다"시 16:11라고 즐겁게 노래한 바와 같이 그분의 '오른손'으로 여겨지는 것이 당연합니다. 반면 우리는 '그분의 왼손'에 간혹 생각나거나, 혹은 항상 기억해야만 하는 그분의 놀라운 사랑을 담는데, 이는 악이 지나가기까지시 57:1 신부가 그 위에 기대어 쉬고 있기 때문입니다.

IV. 13. 신랑의 왼손이 신부가 기대고 있는 머리를 고인 채 신부의 머리 아래 있는 것은 바람직합니다. 머리를 기대는 것은 그녀의 마음에서 비롯되었고, 그는 그녀의 머리가 육체적이거나 세상적인 욕망에 기울지 않도록 받쳐줍니다갈 5:16; 딛 2:12. 왜냐하면 영혼을 짓누르고 있는 썩어질 육체와 세상적인 영혼의 장막이 그녀를 싸고 있고 그녀 또한 많은 생각에 사로잡혀 있기 때문입니다.

너무나 위대해서 우리에게는 합당하지 않을 것만 같은 자비, 그처럼 관대하고 확실한 사랑, 기대할 수 없는 겸손, 끊임없는 온유, 그리고 너무나 놀라운 달콤함을 묵상한 결과는 무엇입니까? 나는 이 모든 것을 주의 깊게 생각할 때, 무가치한 사랑으로부터 완벽하게 자유로워졌을 때, 그 주의 깊게 생각하는 마음을 매료시켜 어디로 이끌 것인가를 묻지 않을 수 없습니다. 그것은 욕망의 길에서 얻을 수 있는 모든 것을 멸시할 것입니다. 신부는 확실히 그 향기 속에서 달리며, 열렬히 사랑할 것입니다아 1:3. 그러나 신부가 온전히 사랑에 빠졌을 때조차 그 사랑은 지극히 작습니다. 왜냐하면 그녀가 너무나 큰 사랑을 받고 있기 때문입니다. 하지만 그녀는 정당합니다. 위대한 연인의 사랑을 어떻게 되갚을 수 있겠습니까? 그것은 마치 작은 먼지가사 40:15 엄위하신 하나님 안에서 그분 앞에 놓인 사랑, 구원 사역에 온 힘을 쏟는 것처럼 보이는 그 사랑에 보답하기 위해 모든 힘을 모으는 것과 같습니다. "하나님이 세상을 이처럼 사랑하사 독생자를 주셨으니"요 3:16라는 말씀은 확실히 성부 하나님에 대한 것이며, "그가 죽기까지 그 자신을 내어주셨다"사 53:12라는 말씀은 의심할 여지 없이 성자 예수님에 대한 말씀입니다. 그리고 "보혜사 곧 아버지께서 내 이름으로 보내실 성령 그가 너희에게 모든 것을 가르치시고 내가 너희에게 말한 모든 것을 생각나게 하시리라"요 14:26는 말씀은 성령 하나님에 대한 것입니다. 그러므로 하나님께서는 사랑하실 때 그의 모든 존재로 사랑하십니다. 만약 '완전'이라는 단어가 무한하고, 이해할 수 없고, 그리고 절대적인 존재를 위해 사용될 수 있다면, '완전한' 삼위일체께서 사랑하신다는 말입니다.

V. 14. 나는 이것을 이해하는 사람은 하나님께서 왜 사랑받으셔야만 하는지, 즉 왜 그분이 사랑받을 만한 가치가 있는지 명확하게 알 것이라고 믿습니다. 왜냐하면 성자 하나님은 성부 하나님이나 성령 하나님을 모르는 불신자 안에 계시지 않기 때문입니다요일 5:12. "아들을 공경하지 아니하는 자는 그를 보내신 아버지도 공경하지 아니하느니라"요 5:23, 또한 성자 하나님이 보내신 성령 하나님도 공경하지 않습니다요 15:26, 16:7. 그러므로 인간이 잘 알지 못하는 사람을 더 사랑할 수 없다는 것은 놀랄 만한 일이 아닙니다. 그럼에도 불구하고 불신자들은 하나님께서 모든 것을 창조하신 분이라는 사실을 알고 있기 때문에, 그들이 하나님께 은혜를 입고 있다는 것을 자각하고 있습니다.

그렇다면 나는 어떠합니까? 나는 내 생명의 수여자일 뿐만 아니라 내 생명의 자비로운 통치자요, 내 생명의 거룩한 위로자이며, 내 생명의 사려 깊은 인도자이고, 그 무엇보다도 가장 자유로운 구속자이며, 영원한 보호자요, 수호자요, 찬미자인 나의 하나님께 무슨 은혜를 입고 있습니까? "여호와께서는 인자하심과 풍성한 속량이 있음이라"시 130:7, 그리고 "오직 자기의 피로 영원한 속죄를 이루사 단번에 성소에 들어가셨느니라"히 9:12라고 하는 기록이 있습니다. 〈시편〉 기자는 "여호와께서 정의를 사랑하시고 그의 성도를 버리지 아니하심이로다 그들은 영원히 보호를 받으나"시 37:28라고 말했습니다. 복음서는 그가 주신 부유함에 대해 "주라 그리하면 줄 것이니 곧 후히 되어 누르고 흔들어 넘치도록 하여 너희에게 안겨주리라"눅 6:38고 했습니다. 그리고 "하나님이 자기를 사랑하는 자들을 위하여 예비하신 모든 것은 눈으로 보지 못하고 귀로 듣지 못하고 사람의 마음으로 생각지도 못하였다"고전 2:9고 말했습니다. 또한 영광에 대해 "구원하는 자 곧 주 예수 그리스도를 기다리노니 우리의 낮은 몸을 자기 영광의 몸의 형체와 같이 변하게 하시리라"빌 3:20-21고 말했습니다. "생각하건대 현재의 고난은 장차 우리에게 나타날 영광과 비교할 수 없도다"롬 8:18라고 말하고 있습니다. 그리고 다시 "우리가 잠시 받는 환난의 경한 것이 지극히 크고 영원한 영광의 중한 것을 우리에게 이루게 함이니 우리가 주목하는 것은 보이는 것이 아니요 보이지 않는 것이니"고후 4:17-18라고 했습니다.

VI. 15. 내가 이 모든 것을 보답하기 위하여 하나님께 무엇을 드리겠습니까시 116:12? 이성과 본성적인 정의는 불신자들에게 모든 것을 주신 분께 복종을 하고, 온 힘을 다해 그분을 사랑하라고 강력히 요구합니다. 믿음은 나로 하여금 내가 알고 있는 그분이 나에게 나 자신뿐만 아니라 그 자신까지 주셨던 것 이상으로 그를 사랑하게 합니다. 믿음의 시대가 도래하기 전, 내가 수차례 말한 바와 같이, 그가 아직 인간에게 온 마음과, 온 영혼과, 온 힘을 다해신 6:5; 마 12:30, 즉 그 자신 전부와 그가 알고 있는 모든 것과 그가 할 수 있는 모든 것으로 그의 하나님 아버지를 사랑하라고 명령하시기 전에 하나님께서는 육체 가운데 있는 자신을 나타내시지도, 십자가 위에서 죽으시지도, 무덤에서 일어나 아버지께로 올라가시지도, 그리고 우리를 위한 그분의 위대한 사랑을 확증하시지도 않으셨습니다롬 5:8.

그분 자신을 위해 그분의 업적과 선물들을 가져가실

때조차 하나님께서는 부당하신 분이 아닙니다히 6:10. 만일 그렇게 가져가는 것이 가능하다면, 왜 피조물이 그의 창조자를 사랑하지 않겠습니까? 그분의 선물이 아니고서는 아무것도 할 수 없다면, 왜 온 힘을 다해 그분을 사랑하지 않겠습니까?

이와 함께 인간이 아무 대가 없이 존엄 가운데에서 무로부터 지음을 받았다는 사실은 사랑의 빚을 보다 분명하게 보여주고, 신의 요구에 대한 정당성을 보다 확실히 드러내줍니다. 이 외에 하나님께서 인간과 짐승을 구원하실 때의 위대한 자비에 대해 생각해 보십시오. 하나님의 자비가 얼마나 많이 느껴지십니까? 나는 우리가 우리의 영광을 풀 먹는 소의 형상으로 바꾸었으며시 106:20, 그런 죄로 인하여 멸망하는 짐승과 같이 되었다고 생각합니다시 49:12, 20. 내가 만약 창조의 대가로 나의 존재를 빚지고 있다면, 재창조하신 것에 대한 보답으로 내가 무엇을 더 할 수 있겠습니까? 왜냐하면 나를 재창조하는 일은 나를 창조하는 것만큼 쉽지 않기 때문입니다. 나뿐만 아니라 창조된 모든 존재요 1:3에 대해 "그가 명령하시므로 지음을 받았음이니라"시 148:5라고 기록되어 있습니다. 그러나 단 한 마디 말씀으로 나를 지으신 분께서 나를 다시

하나님을 사랑하는 것에 관하여

만드는 과정 중에는 많은 말들을 하셨고, 기적을 행하셨고, 역경, 아니 역경뿐만 아니라 모욕까지 당해야 했습니다. "내게 주신 모든 은혜를 내가 여호와께 무엇으로 보답할까"시 116:12. 첫 번째 창조를 통해 그분은 나에게 나 자신을 주시고, 두 번째 작업에서는 그분 자신을 주셨으며, 이때 나 자신까지 되돌려주셨습니다. 내가 나 자신에게 주어지고, 또 주어짐으로 인하여 나는 한 번이 아니라 두 번이나 빚을 졌습니다. 반대로 내가 하나님을 위해 무엇을 드릴 수 있겠습니까? 내가 하나님께 나 자신을 천 번 이상 드린다 할지라도, 내가 하나님께 무엇이 되겠습니까?

하나님께서 어떻게 사랑받으셔야 하겠습니까?

VI. 16. 우선 무엇을 기준으로 하나님께서 우리에게 사랑받으셔야 하며, 어떤 기준도 없이 그분이 얼마나 사랑받을 만한 가치가 있는지 살펴봅시다. 지금까지 내가 말했던 것을 간단하게 반복하자면 "오직 하나님이 우리를 사랑하사"요일 4:10입니다. 그분은 크고 관대한 사랑으로 그다지 중요한 존재가 아닌 있는 모습 그대로의 우리를 사랑하셨습니다. 이제 하나님을 향한 사랑이 거대하고 무한한 무언가를 향해 있기 때문에 – 하나님께서 거대하시고 무한하시기 때문에 – 나는 누가 그 사랑을 우리의 사랑과 구분하거나 분별해야만 하는지 묻지 않을 수 없습니다. 또한 우리 사랑 자체는 아무런 대가 없이 주어진 것이 아니라 빚에 대한 채무로서 주어졌다는 사실에 대해 어떻게 생각하는지도 궁금합니다. 광대함이 사랑하고 영원함이 사랑하며, 또한 지식을 능가하는 사랑이 그 자신을 내어줍니다 엡 3:19. 하나님께서는 우리를 사랑하시는데, 그의 위대함은 한계를 알지 못하고, 그의 지혜는 측량할 수 없으며시 147:5, 그의 평강은 모든 이해를 초월하고빌 4:7, 우리의 응답과는 무관하게 사랑을 주십니다.

'나의 힘이신 여호와여 내가 주를 사랑하나이다 여호와는 나의 반석이시오 나의 요새이시오'시 18:1-2, 나는 모든 것 되시는 당신을 열망하고 사랑할 수 있습니다. 나의 하나님, 나의 도움이시여, 나는 당신의 은총과 나의 능력에 따라 당신을 사랑할 것입니다. 그 사랑이 참으로 당신이 받아야 할 사랑에는 미치지 못하나 나를 넘어서는 사랑으로 사랑할 것입니다. 비록 내가 당신을 사랑해야만 하는 만큼 사랑할 수 없을지라도 여전히 나는 내가 할 수 있는 것보다 더 당신을 사랑할 수 없습니다. 자존심이 상하더라도 오직 당신이 내게 조금 더 주실 때, 비록 당신이 내 사랑의 가치를 발견할 수 없다 하더라도 나는 당신을 조금 더 사랑할 수 있을 것입니다. "내 형질이 이루어지기 전에 주의 눈이 보셨으며 나를 위하여 정한 날이 하루도 되기 전에 주의 책에 다 기록이 되었나이다" 시 139:16. 비록 해야만 하는 모든 것을 할 수 없다 하더라도, 모든 사람은 할 수 있는 것을 합니다. 내가 생각하기에 하나님께서 얼마나 사랑받으셔야 하고, 그분의 어떤 매력 때문에 사랑받으셔야 하는가는 분명합니다. 그 매력이 얼마나 대단한지 누구나 알 수 있을 만큼 확실합니까? 누가 말할 수 있겠습니까? 누가 그것을 느낄 수 있겠습니까?

VII. 17. 그럼 이제 그분이 우리의 이익을 위해 어떻게 사랑받으셔야 하는지 살펴봅시다. 그분에 대한 우리의 인식이 실재 그분의 존재와 얼마나 다르겠습니까? 하지만 모든 것이 명확하지 않더라도 우리가 분명히 본 것에 대해 침묵해서는 안 됩니다. 서두에서 하나님께서 왜, 그리고 어떻게 사랑받으셔야 하는가를 깨달아야 한다고 했을 때, 나는 그 질문이 두 가지 의미로 이해될 수 있다고 말했습니다. 하나님께서 왜 사랑받으셔야 하는가는 그분의 어떤 미력에 의해서, 혹은 우리의 어떤 유익을 위해서 사랑받으셔야 하는가라는 의미를 지니고 있습니다. 두 가지 질문 모두 가능한 것처럼 보입니다. 그분이 가치가 있는 만큼이 아니라 내가 할 수 있는 만큼만 하나님의 매력에 대해서 말한 후, 나는 내게 주어진 만큼만 보상에 대해서 말하도록 하겠습니다.

하나님은 보상 없이는 사랑받으시지 않습니다.

하나님께서는 보상에 대한 생각 없이 사랑받으셔야만 하지만, 보상 없이 사랑을 받지는 않습니다. 참된 사랑은 공허해질 수 없으나, 그렇다고 이익을 추구하지도 않습니다. "자신의 유익을 구치 아니하며"고전 13:5라는 구절에서 알 수 있습니다. 그것은 애정이지 계약은 아닙니다. 사랑은 동의 하에 주고받는 것이 아닙니다. 사랑은 아무런 대가 없이 주어지며, 우리가 자발적으로 행동하게 만듭니다. 진정한 사랑은 내용입니다. 사랑은 사랑의 대상에 대해 보상을 합니다. 왜냐하면 당신이 무언가를 사랑하고 있다면, 정말로 그 무언가를 위해 사랑을 한다면, 당신은 그 무언가에 대한 수단이 아니라 목적으로서 추구하고 있는 것을 사랑하는 것입니다. 바울은 먹기 위해 복음을 전하지 않았고, 복음을 전하기 위해서 먹었습니다. 그는 음식이 아니라 복음을 사랑했습니다^{고전 9:18}.

진정한 사랑은 그럴 만한 가치가 있음에도 보상을 요구하지 않습니다. 보상은 아직 사랑하고 있지 않는 사람에게도 제공되는데, 그것은 사랑하는 자에게서 비롯되며, 인내하는 자에게 주어집니다. 사소한 문제로 사람들을 설득하고자 할 때, 우리는 내켜하는 자들이 아니라 내켜하지 않는 자들을 약속과 보상으로 유인합니다. 누가 하고 싶은 것을 한 것에 대해 보상을 받을 것이라고 생각하겠습니까? 예를 들어 그 누구도 배고픈 사람이 먹도록, 목마른 사람이 마시도록, 혹은 어머니가 자궁 안에 있는 아이를 돌보도록 대가를 지불하지 않습니다^{사 49:15}. 어떤 사람이 간구하거나, 혹은 일정한 비용을 지불한다고 다른 사람으로 하여금 그의 포도밭에 울타리를 치도록, 그의 나무 둘레를 파도록, 그리고 집을 짓도록 허락하겠습니까? 하나님을 사랑하는 영혼이 하나님 외에 다른 보상을 얼마나 많이 요구하겠습니까? 만일 이것이 그가 원하는 전부가 아니라면, 그는 하나님을 사랑하지 않는 것이 분명합니다.

Ⅵ. 18. 모든 이성적인 존재가 조금 더 좋아 보이는 것, 모든 힘을 집중시킬 수 있는 것처럼 보이는 일을 갈망하는 것은 자연스러워 보입니다. 그러나 부족하다고 여기는 면은 그의 욕망에 의해 결코 채워지지 않습니다. 예를 들어 아름다운 아내를 둔 남자도 사랑스러운 아내를 불만스러운 눈이나 마음으로 바라봅니다. 잘 차려 입은 사람이 더 좋은 옷을 원하고, 부유한 사람이 자신보다 부유한 사람을 시기합니다.

오늘날 우리는 거대한 부와 재산을 지닌 사람들이 또 다른 밭을 사기 위해서사 5:8, 그들의 지계를 넓히기 위해서출 34:24 끝이 없는 탐욕으로 하루하루를 보내는 것을 봅니다. 당신은 왕의 처소나 커다란 궁전 같은 집에서 사는 사람들이 매일 집에 집을 더하고자 하고, 새로운 것에 대한 지칠 줄 모르는 열정으로 집을 지으며, 지은 것을 무너뜨리고, 네모난 것을 둥글게 바꾸는 것을 봅니다.

그렇다면 높은 지위에 있는 사람은 어떻습니까? 우리는 그들이 온 힘을 다해 더 높은 지위에 올라가려고 발버

둥치지만, 그들의 야망이 결코 채워지지 않는 것을 봅니다. 그 모든 것에는 끝이 없고, 최고도 최상도 없습니다. 만약 사람이 최고와 최상의 것을 소유할 때까지 평안할 수 없다면, 그가 열등하고 최악의 것에 만족하지 못하는 것이 놀랄 만한 일이겠습니까? 당신의 탐욕을 만족시켜 줄 수도 없고 줄여줄 수도 없는 것을 항상 갈망한다는 것은 어리석고 미친 짓입니다. 당신은 여전히 얻지 못한 것을 갈망하지만, 당신은 이미 많은 것을 가지고 있습니다. 당신은 항상 놓쳐버린 그것을 아쉬워하며 한숨을 쉽니다.

방황하는 마음이 세상의 다양하고 거짓된 기쁨 가운데 질주하면서 공허한 노력을 기울일 때, 마음은 점점 더 야위어가고, 여전히 만족하지 못한 채로 남아 있습니다. 이런 사람은 이미 먹은 것과 비교했을 때 아무것도 아닌 잡동사니를 가지고 배를 채우려는 허기진 사람과 같습니다. 그는 항상 자신이 가진 것을 즐기기보다는 갖지 못한 것을 애타게 갈망합니다. 도대체 누가 모든 것을 소유할 수 있습니까? 인간은 노력으로 얻은 작은 것조차 두려움 속에서 지니고 있습니다. 왜냐하면 그가 무엇을 언제 잃게 되는지 알 수 없기 때문입니다.

그러므로 비이성적인 사람들은 최상의 것만을 추구하

고, 방황 속에서 최선을 다했으나 실패한 것을 성공으로 이끌어 만족감을 얻기 위해 속도를 내는 데 최선을 다할 것입니다. 허영은 방황하는 마음을 그릇된 길로 인도하며, 웃음거리로 만듭니다. 그리고 죄는 거짓말로 방황하는 마음을 속입니다. 만약 당신이 원하는 것을 소유하기 바란다면, 즉 더할 나위 없이 좋은 것을 움켜쥐기 바란다면, 그 외의 것들로 번거로울 필요가 뭐가 있겠습니까? 만일 당신이 그렇다면 당신은 구불구불한 길을 달리고 있으며, 얻고자 하는 것에 도달하기 전에 죽고 말 것입니다.

Ⅵ. 19. 그러므로 사악한 자들은 자연스럽게 그들의 욕구를 만족시킬 수 있는 것들을 모두 원하면서, 어리석게도 그것을 얻기 위해, 즉 소모가 아닌 성취를 얻기 위해 모든 방법을 동원할 것입니다[시 12:8]. 이런 와중에 그들은 향방 없는 노력으로 자신의 기력을 소진하면서 복된 완성의 결말에 도달하지 못합니다. 그들은 창조주의 아름다움보다 피조물의 아름다움을 더 기뻐합니다[롬 1:23]. 그들은 모든 것의 주인 되신 분께 나아가려고 하기보다 모든 것을 시험해 보고, 하나하나 테스트하기를 원합니다. 만일 그들이 열심히 노력한 모든 것을 할 수만 있다면,

즉 그들이 모든 것의 근원 되시는 분 없이 모든 것을 얻을 수 있다면, 그들은 성공할 것입니다.

가진 것보다는 가지지 못한 것을 더 갈구하게 만드는, 소유하지 못한 것을 위해서 가진 것을 걷어차는 욕구에 충실하면 인간은 머지않아 하늘과 땅에 있는 모든 것을 얻고, 또한 내버릴 것입니다엡 1:10. 나는 결국 그가 모든 것의 하나님께 달려갈 것이라고 확신합니다. 그는 그 안에서 안식할 것입니다. 왜냐하면 하늘 이편에는 안식이 없는 것처럼, 그편에는 그의 안식을 방해하는 것이 하나도 없기 때문입니다.

그리고 나서 그는 "하나님께 가까이 함이 내게 복이라"시 73:28고 확실하게 말할 것입니다. 그는 "하늘에서는 주 외에 누가 내게 있으리요 땅에서는 주 밖에 나의 사모할 자 없나이다"시 73:25, 그리고 "하나님은 내 마음의 반석이시요 영원한 분깃이시라"시 73:26라고 할 것입니다. 그러므로 내가 말했듯이 그것에는 미치지 못하지만 그가 원하던 다른 모든 것들을 먼저 얻을 수 있다면 가장 큰 선을 바라는 자는 누구든지 그것에 도달할 수 있을 것입니다.

Ⅵ. 20. 그러나 그것은 매우 불가능합니다. 인생은 너무 짧고, 우리의 힘만으로는 불충분하며, 많은 유혹들이 있습니다. 그리고 인생의 길에서 몸부림치는 사람들은 기나긴 여정과 헛된 노력에 지쳐 있습니다. 그들은 원하는 모든 것을 얻기 바라지만, 궁극적인 욕구에는 도달할 수 없습니다. 만약 그들이 생각만으로 그 모든 것에 도달하는 데 만족한다면, 그들은 더 이상 그것을 경험하지 않으려고 할 것입니다. 그들은 쉽게 그렇게 할 수 있고, 그것이 무의미하지만은 않을 것입니다. 왜냐하면 인간의 마음은 감각보다 빨라서 마음은 감각보다 더 많은 것을 보고, 감각은 마음이 아직 검토하거나 검증하지 않은 것에는 감히 접근하지 못하기 때문입니다. 나는 이것이 "범사에 헤아려 좋은 것을 취하고"*살전 5:21*라는 본문에 암시되어 있다고 생각합니다. 마음은 앞일을 내다보기 때문에 만약 마음이 동의하지 않는다면, 감각은 원하는 그 무엇도 추구해서는 안 됩니다. 만일 그렇게 한다면, 당신은 주의 산에 오르지 못하고, 그분의 거룩한 처소에 서지도 못하며*시 24:3-4*, 이성적인 영혼을 헛되이 받은 꼴이 되어 태만한 이성에 아무런 저항도 하지 못한 채 무지한 짐승처럼 감각만을 쫓게 될 것입니다. 발이 앞서 가는 것을

금하지 않는 이성을 가진 사람들은 달려가기에 급급하지만, 그것은 길이 아닙니다. 그들은 사도의 조언을 일축해 버리고, 이기기 위해 달리지 않습니다^{고전 9:24}. 할 수 있는 모든 것들을 다 해볼 때까지 그들이 오는 것을 방해하는 그에게 언제나 다다를 수 있겠습니까? 우선 모든 것들을 소유하려는 욕망은 구불구불한 길이며, 영원히 지속되는 악순환에 불과합니다.

VI. 21. 의로운 사람은 그와 같지 않습니다. 여기저기 배회하는 사람들의 사악한 행위에 대해 들을 때^{시 31:13} - 많은 이들이 사망으로 인도하는 넓은 길을 따르기 때문에^{마 7:13} - 그는 스스로 좌나 우로나 치우치지 않는 왕의 대로를 선택합니다^{민 20:17, 21:22}. 선지자는 "의인의 길은 정직함이여 정직하신 주께서 의인의 첩경을 평탄케 하시도다"^{사 26:7}라는 증거를 가지고 있습니다. 예를 들어 이들은 간단하게 축약된 말을 선택하면서^{롬 9:28} 구원의 지름길을 택하고, 위험하고 아무런 보상도 없는 우회도로를 피한 사람들입니다. 그들은 보이는 모든 것을 가지려고 하지 않습니다. 반대로 그들이 가진 모든 것을 팔아서 가난한 자들에게 나눠줍니다^{마 19:21}. "가난한 자는 복이 있나니 천국이 저희 것임이요"마 5:3 모든 사람이 달려가지만고전 9:24, 우리는 달려가는 사람들을 구분해야만 합니다. 왜냐하면 "의인의 길은 여호와께서 인정하시나 악인의 길은 망하리로다"시 1:6라고 말씀하셨기 때문입니다. 그래서 의인의 적은 소유가 악인의 모든 부보다 나은데시 37:16, 지혜 있는 자의 말로, 어리석은 자가 깨닫게 되는 것처럼 돈을 사랑하는 자는 결코 돈으로 만족하지 못할 것이기 때문입니다. 오히려 의에 주리고 목마른 자가 배부르게 될 것입니다마 5:6.

이성적인 영혼에게 의는 생명을 공급해 주는 본성의 음식입니다. 공기가 주린 배를 채워줄 수 없는 것처럼 돈도 마음의 굶주림을 채워주지 못합니다. 만약 배고픈 사람이 주린 배를 채우고자 바람을 향해 입을 크게 벌리고 있고, 바람이 그의 뺨을 스쳐지나가는 것을 본다면, 당신은 그가 정신 나간 사람이라고 생각할 것입니다. 당신이 만약 이성적인 영혼이 육체적인 것들에 의해 단지 숨을 헐떡거리는 것이 아니라, 만족을 얻을 수 있다고 생각한다면 그것 역시 제정신이 아닙니다. "내 영혼아 여호와를 송축하라 좋은 것으로 네 소원을 만족하게 하사 네 청춘을 독수리 같이 새롭게 하시는도다"시 103:1, 5. 그분은 이성적인 영혼에게 좋은 것을 주어 만족케 하고, 선으로 인도하며, 이성적인 영혼을 선함 속에 지키고, 기대하고, 지지하고, 성취케 합니다. 그분은 당신을 갈망케 하고, 그분 자신이 당신이 바라는 것을 만족케 합니다.

VI. 22. 앞서 말한 바와 같이 하나님 그분 자신이 바로 우리가 하나님을 사랑하는 이유입니다. 그분이 효율성이고, 최종 원인이기 때문에 이 말은 진리입니다. 그분 자신이 기회를 제공하고, 열망을 창조하며, 열망을 완성합니다. 그분은 자신을 사랑받아야만 하는 존재로 만들었습니다. 그분은 사랑받아 행복하기를 원하기 때문에 그분에 대한 그 누구의 사랑도 헛되지 않습니다. 그분의 사랑은 우리의 사랑을 예비하고 보상합니다. 친절하게도 그분이 우리를 그 길로 이끌고, 또한 공평하게 갚아주십니다. 그분은 우리의 달콤한 희망입니다. 그분은 그를 부르는 모든 자들에게 부요합니다롬 10:12. 그분보다 더 좋은 건 아무것도 없습니다. 그분은 우리가 그분을 사랑하는 대가로 그분 자신을 주시고, 우리의 보상이 되도록 스스로를 지키십니다. 그분은 거룩한 영혼을 위해 자신을 양식으로 내어주십니다. 그분은 사로잡힌 자들을 구속하기 위해서 자신을 파셨습니다렘 3:25.

주님, 당신을 찾은 영혼에게 당신은 행운입니다. 당신을 발견한 영혼에게 당신은 무엇입니까? 그러나 가장 놀라운 것은 당신을 찾지 못한 사람은 아무도 당신을 추구할 수 없다는 사실입니다. 그런 까닭에 당신은 당신이 추구되도록 하기 위해서 당신이 발견되고자 갈망합니다. 당신은 추구되거나 발견될 수 있습니다. 그러나 누구도 당신을 앞지를 수는 없습니다. 우리가 "아침에 나의 기도가 주의 앞에 이르리이다"시 88:13라고 한다 할지라도, 영감을 받지 않은 모든 기도에는 아무런 열정도 없는 것이 분명합니다.

이제 우리의 사랑이 어디에서 시작하는지 살펴봅시다. 우리는 그것이 끝나는 데서 사랑의 시작을 보아왔기 때문입니다.

VIII. 23. 사랑은 네 가지의 본성적인 열망 중 하나입니다. 이에 대해서는 잘 알려져 있기 때문에 다시 언급할 필요는 없습니다. 그러나 본성적인 것이 본성의 주인을 섬겨야만 한다는 것은 옳습니다. 이것이 바로 "주 너의 하나님을 사랑하라"마 22:37가 가장 크고 첫째 되는 계명인 이유입니다.

첫 번째 단계:
인간이 자기 자신을 위해 스스로를 사랑할 때

본성이 보다 깨어지기 쉽도록 연약해졌기 때문에, 필연성은 인간으로 하여금 본성을 먼저 섬기도록 강요합니다. 이것은 인간이 자신을 위해 자신을 사랑하게 함으로써 육체적인 사랑을 초래합니다. 그는 "먼저는 신령한 사람이 아니요 육의 사람이요 그 다음에 신령한 사람이니라"고전 15:46라고 기록된 것처럼 자신 외에는 그 무엇도 알지 못합니다. 이런 사랑은 법에 의해 부과된 것이 아니라 본성 안에 내재되어 있는 것입니다. 누가 자신의 육체를 싫어하겠습니까엡 5:29? 그러나 종종 그러하듯이 그와 같은 사랑이 균형 잡히지 않거나 고집불통인 데에서 시작된다면, 자신의 필요에 따른 협착한 관을 지나기 위해 만족하기를 멈추고, 사방으로 흘러 넘쳐 기쁨의 들판까지 잠기게 합니다. 그러한 넘침은 결국 "네 이웃을 네 몸과 같이 사랑하라"마 22:39는 명령에 의해 멈추게 됩니다.

본성에 있어서 당신과 같은 사람벧후 1:4은 은혜, 특별히 본성에 내재되어 있는 은혜가 당신과 분리되지 않아야만 하는 것은 전적으로 옳습니다. 만약 어떤 사람이 곤경에 처한 형제를 돕거나 기쁨을 나누는 일을 무거운 짐으로 느낀다면, 우리는 그 사람이 죄에 빠지길 원치 않는 한, 그 사람 스스로 자신의 욕구를 점검해 볼 수 있도록 해주어야 합니다. 그는 이웃에게 발휘해야 할 관용을 기억하는 만큼만 하고 싶은 것을 마음껏 할 수 있습니다. 오 인간이여, 생명과 질서의 법은 당신이 멸망하기까지 당신의 욕구를 막기 위해서집회서 18:30, 그리고 본성에 속한 선한 것들이 탐욕으로 인해 영혼의 적을 섬기는 것으로부터 당신을 구하기 위해서 규제들을 부과합니다집회서 45:6.

본성에 속한 선한 것들을 당신의 친구, 즉 이웃과 나누는 것이 적과 나누는 것보다도 더 옳거나 정직하지 않습니까? 만일 당신이 지혜의 충고를 받아들여 거짓된 기쁨으로부터 마음을 돌이킨다면, 그리고 사도가 가르친 대로 가진 양식과 의복에 자족한다면딤전 6:8, 머지않아 당신의 사랑이 영혼에 맞서 싸우는 세상적인 욕구에 의해 방해받은 것이 아니라는 사실을 알게 될 것입니다벧전 2:11. 나는 당신이 영혼의 적으로부터 거두어들인 것을 당신의 친구와 나누는 것은 짐이 아니라는 사실을 알게 될 것이라고 생각합니다. 그러므로 당신이 이미 당신 자신을 부인했던 기쁨으로 당신의 형제에게 필요한 것을 거부하지 않는다면, 당신의 사랑은 순전하고 공평하게 될 것입니다. 이것이 공동체로 확장되는 것이 곧 육체적인 사랑이 공유되는 방식입니다.

VIII. 24. 이웃과 공유를 함으로써 당신에게 필요한 것이 하나도 남지 않게 된다면, 당신은 무엇을 하겠습니까? 모든 사람에게 후히 주시고 꾸짖지 아니하시는 약 1:5, 그리고 그의 손을 펴 모든 피조물에게 복을 주시는 시 145:16 분께 온전한 믿음행 4:29, 28:31으로 기도하는 것 외에 할 수 있는 것이 무엇이 있겠습니까? 당신이 궁핍할 때에 그분이 당신의 필요를 풍성하게 채우실 것이라는 것은 의심할 여지가 없습니다. 왜냐하면 당신이 부유한 중에도 그분은 그토록 풍성하게 주셨기 때문입니다. 성경은 "먼저 그의 나라와 그의 의를 구하라 그리하면 이 모든 것을 너희에게 더하시리라"마 6:33; 눅 12:31고 말하고 있습니다. 그분은 자신을 위해 탐욕으로 구하지 않고, 이웃을 사랑하는 사람 누구에게나, 간구하지 않아도 필요를 채워주시겠다고 약속하셨습니다. 이것이 바로 하

ㄴ님 나라를 추구하는, 죄의 폭정에 맞서 그분의 도움을 구하는, 죄가 당신의 썩어질 육체를 지배하도록 내버려 두기보다 자비와 순전의 멍에를 매는 일입니다롬 6:12. 더욱이 당신의 본성에 보편적인 것을 똑같은 본성의 선물을 받은 사람과 함께 나누는 것이 공의입니다.

VIII. 25. 그러나 온전한 공의로 이웃을 사랑하는 것은 필연적으로 하나님께서 촉발하셔야만 합니다. 만약 당신이 하나님 안에서 사람을 사랑하지 않는다면, 당신이 어떻게 순전한 마음으로 사람을 사랑할 수 있겠습니까? 그러나 하나님을 사랑하지 않는 사람은 하나님 안에서 사랑할 수도 없습니다. 당신은 먼저 하나님을 사랑해야만 하고, 그로 인해 그분의 안에서 이웃 역시 사랑할 수 있습니다막 12:30-31.

그런 까닭에 하나님께서는 선한 것들을 야기하시는 것처럼 그분을 위한 당신의 사랑도 촉발합니다. 이것이 그분이 일하시는 방식입니다: 본성을 창조하신 분이 또한 그것을 보호하십니다. 왜냐하면 본성은 자신의 보호자로서 창조자를 필요로 하도록 창조되었기 때문에, 그분 없이는 존재할 수 없었던 것이 또한 그분 없이는 존속할

하나님을 사랑하는 것에 관하여

수 없기 때문입니다. 그러므로 어떤 이성적인 피조물도 이 진리에 대해 무지할 수 없고, 또한 스스로 창조자의 선물에 대한 권리를 주장할 수 없습니다. 바로 그분이 심오하면서도 고통을 완화시키는 조언을 통해 인간으로 하여금 시련을 감당하게 하십니다. 하나님께서 실패한 인간을 돕기 위해 오셔서 그를 자유롭게 하셨을 때, 인간은 하나님께 합당한 만큼 영광을 돌려드려야 할 것입니다. 이것이 "환난 날에 나를 부르라 내가 너를 건지리니 네가 나를 영화롭게 하리로다"시 50:15라는 말씀이 함축하고 있는 바입니다. 이것이 바로 짐승과 같이 육체적인 고전 2:14, 자신 외에는 그 무엇도 사랑할 줄 모르는 사람이 자신의 유익을 위해 하나님을 사랑하기 시작할 때 벌어지는 일입니다. 왜냐하면 그가 자신에게 유익한 모든 것을 하나님 안에서 할 수 있고빌 4:13, 그분 없이는 아무것도 할 수 없다요 15:5는 진리를 반복되는 경험을 통해 배우기 때문입니다.

두 번째 단계:
인간이 자기 자신의 유익을 위해 하나님을 사랑할 때

IX. 26. 그러므로 인간이 하나님을 사랑하지만, 아직은 하나님을 위해서가 아니라 자신을 위해 사랑합니다. 하지단 현명한 사람은 홀로 할 수 있는 것과 하나님의 도움 없이는 할 수 없는 것을 알아야만 합니다. 그래야만 당신은 해악으로부터 당신을 지키시는 그분에게 상처를 주지 않을 것입니다.

만약 어떤 사람에게 많은 시련이 있어서 그가 자주 하나님께로 돌이키고, 하나님께 속한 자유를 경험한다면, 비록 그가 강철이나 돌로 된 가슴을 가지고 있다 할지라도겔 11:19, 36:26, 그는 자신의 유익뿐만 아니라 자기 자신을 위해서라도 하나님의 사랑과 구속자의 관대함을 향해 마음을 누그러뜨려야만 하지 않겠습니까?

세 번째 단계:
인간이 하나님을 위해 하나님을 사랑할 때

인간의 반복되는 필요들은 필연적으로 하나님을 찾게 하고, 빈번한 접촉을 통해서 하나님을 경험하게 하고, 하나님께서 얼마나 달콤하신 분인지 맛보아 알게 합니다. 이처럼 하나님의 달콤함을 맛보는 것은 우리가 필요에 의해 하나님을 사랑했던 것보다 더 순전한 마음으로 하나님을 사랑하게 합니다. 사마리아 사람들은 여인으로부터 주님께서 거기 계시다는 말을 들었을 때, "이제 우리가 믿는 것은 네 말로 인함이 아니니 이는 우리가 친히 듣고 그가 참으로 세상의 구주신 줄 앎이라"요 4:42라고 대답하는 좋은 본을 보여주었습니다. 나는 우리가 이와 같은 본을 따라 우리의 육체에게 이제 우리는 그분이 너희의 필요를 채워서가 아니라 "그분이 선하심을 맛보아 알았기"시 34:8 때문에 하나님을 사랑한다고 말하는 것이 옳다고 생각합니다.

육체는 공공연히 원하는 욕구가 있고, 그것이 경험했던 다정한 행위들을 통해 욕구를 표현합니다. 그런 경험을 한 인간이 그의 이웃을 사랑하라는 명령을 지키는 것은 그리 어렵지 않을 것입니다마 12:31. 그는 진정으로 하나님을 사랑하고, 그러므로 하나님께 속한 것을 사랑합니다. 그는 순결하게 사랑하고, 순결에 이르기까지 계명을 지키는 것이 전혀 짐스럽지 않기 때문에벧전 1:22, 기록된 것처럼 그의 마음은 사랑에 대한 복종을 통해 더욱더 순전해져 갑니다. 그러한 사람은 정의롭게 사랑하며, 기꺼이 공의의 법을 지킵니다.

이런 사랑은 아무런 대가 없이 주어지는 까닭에 누구나 쉽게 받아들입니다. 이런 사랑은 단어나 말이 아니라 진리와 행위로 이루어져 있기 때문에 순결합니다요일 3:18. 또한 그것은 받았던 것만을 되돌려주기 때문에 공평합니다. 이런 방식으로 사랑하는 사람은 그가 사랑받은 것처럼 사랑하기 때문입니다. 그는 자신의 선이 아닌 우리의 선, 아니 우리 모두의 선고후 12:14을 갈구했던 것처럼 자신에게 속한 것고전 13:5이 아니라 예수 그리스도에게 속한 것으로 보답하길 원하면서 사랑합니다. "여호와께 감사하라 그는 선하시며 그의 인자하심이 영원함이로다"시 118:1라고 고백한 사람은 이런 방식으로 사랑합니다 하나님께서 그에게 선하시기 때문이 아니라 진실로 하나님께서 선한 분이시기 때문에 주님을 신뢰하는 사람은 자신을 위해서가 아니라 하나님을 위해서 하나님을 사랑합니다. 그분은 "내가 여호와를 찬송하리니 이는 주께서 내게 은덕을 베푸심이로다"시 13:6라고 말하는 사람을 이런 방식으로 사랑하지 않습니다.

이것이 사랑의 세 번째 단계인데, 하나님께서는 이 단계에서 이미 자신을 위해 사랑받고 계십니다.

네 번째 단계:
인간이 하나님을 위해서 자신을 사랑할 때

X. 27. 인간이 하나님을 위해 자신을 사랑하는 네 번째 단계를 획득할 만한 가치가 있는 사람은 행복합니다. "오 하나님 당신의 정의가 하나님의 산들과 같습니다"시 36:6. 그 사랑은 산, 즉 하나님의 높은 산입니다. 진실로 "부요하고 비옥한 산"시 68:16입니다. "여호와의 산에 오를 자가 누구며 그의 거룩한 곳에 설 자가 누구인가"시 24:3? "나는 말하기를 만일 내게 비둘기 같이 날개가 있다면 편히 쉬리로다"시 55:6. 그곳은 평화에 속한 곳으로 지음 받았으며, 시온에 그 처소가 있습니다시 76:2. "화로다 나여 나의 포로생활이 길어졌도다"시 120:6. 육신과 피

마 16:17, 진흙으로 빚은 그릇고후 4:7, 즉 이 세상의 장막지혜서 3:15이 언제 이 진리를 이해하게 되겠습니까? 그가 언제 이런 사랑을 경험해서 신적인 사랑에 취해 자신을 망각하면서, 또한 자신을 깨진 그릇시 31:12과 같이 여기면서 자신을 하나님께 맡기고 매달리겠습니까? 또한 그가 언제 "내 육체와 마음은 쇠잔하나 하나님은 내 마음의 반석이시요 영원한 분깃이시라"시 73:26고 고백하면서 영으로 그분과 하나가 되겠습니까? 나는 단 하나의 찰나적인 무언가를 하더라도 이 세상에서는 거의 할 수 없는 경험을 한 사람을 복되고 거룩하다고 하겠습니다. 마치 존재하지 않는 것처럼 자신을 잊어버리는 것, 자신에 대해 어떤 것도 느낄 수 없는 것, 그리고 자신으로부터 빠져나와 거의 파멸된 듯한 것은 인간의 사랑이 아니라 하늘에 속해 있는 사랑입니다.

만일 유한한 인간이 잠시 동안 몰입해서 소위 신과의 합일을 경험하게 되면, 세상은 즉시 그를 압박하고갈 2:4, 악한 시대는 그를 괴롭히고, 죽을 수밖에 없는 육체는 그를 짓누르고, 육체적 욕구는 그를 유혹함에 따라 결국 그는 그 타락의 연약함으로 인허 실패하게 됩니다. 그러나 이보다 더 강력한 형제에 대한 사랑이 그를 다시 불러 세

웁니다. 오호라! 그는 다시 자신으로 되돌아가고 일상에 빠지게 되어, "주여 내가 압제 가운데 있사오니 나를 위해 싸우소서"사 38:14, 그리고 "오호라 나는 곤고한 사람이로다 이 사망의 몸에서 누가 나를 건져내랴"롬 7:24라고 비참하게 부르짖습니다.

IX. 28. 그러나 성경은 하나님께서 그분 자신을 위해 만물을 창조하셨다고 말하고 있기 때문에잠 16:4; 계 4:11, 그분이 만물로 하여금 그 창조자를 따르게 하는, 또한 그분과 조화를 이루게 하는 날이 올 것입니다. 그때에 우리는 하나님께서 만물을 그분 자신을 위해 존재하도록 하신 것처럼, 우리 역시 그 무엇도, 심지어 우리 자신조차도 그분을 위해서가 아닌, 즉 우리의 의지가 아니라 그분의 의지에 따르지 않으면서 존재하지 않아 왔고, 또는 존재해서는 안 되도록 의도하는 것이 우리의 욕구가 되어야만 합니다. 욕구에 대한 만족은 그분의 의지가 우리 내면이나 혹 우리에게 영향을 미치는 모든 것 안에서 이루어지는 것을 보는 것처럼 우리를 행복이나 우연한 기쁨으로 이끌지는 못할 것입니다. 그래서 우리는 매일 "하늘에서 이루어진 것같이 땅에서도 이루어지이다"마 6:10

라고 기도하며 탄원해야 합니다.

오, 순결하고 거룩한 사랑이여! 오, 달콤하고 감미로운 애정이여! 오, 그분의 의지가 갖는 순결하고 흠 없는 의도여, 그 안에 자신의 의지가 전혀 혼합되지 않았다는 점에서 더 순결하고 흠이 없으면 없을수록, 느끼는 모든 것이 신적인 것이라는 점에서 그것은 더 달콤하고 감미롭게 될 것입니다.

이런 방식으로 사랑하는 것은 하나님과 같이 되는 것입니다. 포도주 잔에 떨어진 한 방울의 물이 포도주의 풍미와 색에 섞이면서 완전히 사라지는 것처럼 보이듯, 빨갛게 달구어진 쇠가 불꽃과 구분이 안 되고, 결국 원래의 모양이 사라지듯, 태양 빛과 함께 퍼진 공기가 가벼워졌다기보다 오히려 밝은 빛 자체로 전환된 것처럼 보이듯 인간의 애정이 형언할 수 없는 방법으로 성도 안에 녹아져 있다는 것은, 그리고 그것이 하나님의 의지에 드려져야 한다는 것은 필연적인 일입니다. 만약 인간의 그 무언가가 인간 안에 남아 있다면, 어떻게 하나님께서 모든 것의 모든 것이 되시겠습니까? 실체는 다른 형태 속에 다른 영광, 그리고 다른 능력과 함께 남아 있습니다.

이런 일들이 언제 일어나겠습니까? 누가 그것을 보겠

습니까? 누가 그것을 소유하겠습니까? "내가 어느 때에 나아가서 하나님 앞에 뵈올까"시 42:2 오, 나의 주 하나님이여, "내가 마음으로 주께 말하되 여호와여 내가 주의 얼굴을 찾으리이다 하였나이다"시 27:8 내가 당신의 거룩한 성전을 보겠습니까시 27:4?

IX. 29. 나는 사람들이 내가 제시한 대로 할 때까지 그런 일은 일어날 수 없다고 생각합니다. "네 마음을 다하고 목숨을 다하고 힘을 다하여 주 너의 하나님을 사랑하라"막 12:30처럼 마음은 육신에 대해 생각하지 말아야 할 것입니다. 영혼은 육체에게 더 이상의 생명과 느낌을 주지 말아야 영혼의 능력은 이런 구속으로부터 자유스러워질 것이고, 하나님의 능력으로 인해 강건해질 것입니다. 왜냐하면 비참하고 연약한 육신을 돌보는 것이 누군가의 관심을 요구하는 한 당신 안에 있는 모든 것을 한꺼번에 끌어내어 하나님을 향하게 하는 것은 불가능하기 때문입니다.

그러므로 영혼이 불멸의 영적인 몸, 즉 온전한 몸 안에서 네 번째 단계의 사랑을 획득하거나, 또는 그것에 의해 사로잡히기를 희망하는 것은 아름답고 평화스러우며, 만물 안에 있는 성령에게 복종하는 길입니다. 왜냐하면 원하는 자에게 원하는 것을 주는 것은 하나님의 능력에 속해 있기 때문입니다. 네 번째 단계는 인간의 노력에 의해 성취되지 않습니다. 이 말은 인간이 주님의 기쁨을 향해 큰 열망을 갖고 서두름으로써 육신의 어떤 복잡한 관계도 그를 가로막지 않을 때, 그리고 어떤 고난도 그를 방해하지 않을 때 비로소 네 번째 단계에 도달할 수 있다는 것을 의미합니다[마 25:21, 23].

그러나 거룩한 순교자들이 아직 그들의 영광스러운 육신 안에, 적어도 부분적으로나마 있는 동안 이러한 은총을 받았다고 생각하지 않습니까? 그들은 그 사랑의 강력한 힘에 감동되어 아무런 생각 없이 그들의 몸을 외적인 고통에 내어줄 수 있었습니다. 외적인 고통에 대한 감각은 오직 그들이 가진 평안함의 표면만을 스쳐지나갈 뿐, 그 평안함을 혼란에 빠뜨릴 수 없습니다.

XI. 30. 그러나 이미 육신으로부터 자유한 사람은 어떻습니까? 우리는 그들이 영원한 빛과 빛나는 영원의 바다 속에 온전히 스며 있다고 믿습니다.

부활 전에 영혼에게 불가능한 것은 무엇인가

이미 육체로부터 자유한 이들이 육체를 돌려받기 원한다는 것에는 논쟁의 여지가 없습니다. 그런데 만약 그들이 정말로 그렇게 되기를 원하거나 소망한다면, 그들이 자신을 완전히 버리지 않았다는 것을 의미합니다. 왜냐하면 그들의 욕망대로 아주 작은 육신에게 돌아갔다는 것은 그들이 여전히 자신만의 무언가에 매달려 있다는 것을 증거하기 때문입니다. 승리 안에서 사망이 삼키우고고전 15:54, 영원한 빛이 흑암의 가장 먼 곳까지 다다라 모든 곳에 비추어짐에 따라 육신 안에서조차 하늘의 영광이 빛날 때까지 그러한 영혼은 하나님께로 향할 수 없습니다. 그들은 여전히 육체에, 비록 생명과 느낌 같은 것은 아닐지라도 본성적 애정에 확실히 얽매어 있습니다. 그들은 그것 없이 완벽해지기를 원하지 않으며, 그렇게 할 수도 없습니다.

그래서 그들이 완전해지고, 최고의 상태에 도달하게 될 때 그렇게 되는 것처럼, 그들의 육체가 회복되기 전에는 영혼이 그 자신을 잃지 않을 것입니다. 만약 그들이 그렇게 된다면, 영혼은 육체 없이 완전해질 것이며, 또한 그렇게 되기를 원하지 않을 것입니다.

몸은 영혼의 선을 제외한 채 버려지거나 원래의 상태로 돌려지지 않습니다. "그의 경건한 자들의 죽음은 여호와께서 보시기에 귀중한 것이로다"시 116:15.

만약 죽음이 귀하다면, 생명은 어떻겠습니까? 영광을 입은 몸이 영혼에게 무언가를 수여해야만 하는 것처럼 보이는 것은 놀랄 만한 일이 아닙니다. 오, 하나님을 사랑하는 자들에게는 모든 것이 합력하여 선을 이룬다고 한 사람의 달이 얼마나 진실된지요롬 8:28! 연약한 육신은 우선 인내의 열매를 맺으면서, 두 번째로는 평화를 가져오면서, 그리고 세 번째로는 완전함을 초래하면서 영혼이 하나님을 사랑할 수 있게 도우며, 죽을 때와 부활할 때 영혼을 돕습니다. 진정으로 영혼은 모든 상황에서 섬김을 잘 받았다고 느끼지 않는 한 완전해지고자 하지 않습니다.

XI. 31. 육체가 선한 영에게 유익하고 신실한 동반자라는 사실은 분명합니다. 육체는 부담이 되지 않는다면 영을 도우며, 혹 돕지 않더라도 육체는 영혼의 고통을 덜어 줍니다. 첫째 상태는 노동에 몰두하나 열매가 있습니다마 3:8. 두 번째 상태는 기다리는 시간이지만 지치지는 않습니다. 세 번째 상태는 장엄합니다. 〈아가〉서를 통해 계속해서 이런 세 가지 초대를 하는 신랑의 말을 들어보십시오. "나의 친구들아 먹으라 나의 사랑하는 사람들아 많이 마시라"아 5:1. 그분은 육체 가운데서 노동하고 있는 사람들은 먹도록, 그들의 육체를 무시하는 사람들은 마시도록 하려고 초대를 합니다. 그분은 육체를 회복한 사람들에게 마음껏 먹고 마시라고 권합니다. 그분은 흘러넘치는 사랑으로 가득 채워진 그들을 '사랑하는 자'라고 부릅니다. 이렇게 그분이 '사랑하는 자'라고 부르는 사람들과 '친구'라고 부르는 사람들 사이에는 다음과 같은 차이가 있습니다. 육체 노동으로 신음하는 사람들은 그들이 가진 사랑 때문에 소중히 여겨집니다. 또한 육체적인 짐으로부터 자유로워진 사람들은고후 5:4 준비가 되어 있어 보다 빠르게 응답하기 때문에 더욱 소중하게 여김을 받습니다. 그러나 두 번째 의복을 받고 영광 가운데서 부활의 몸을 입는 사람들이 '사랑하는 자'라고 불리면서 소중히 여김을 받는 것은 그 둘 이상의 것입니다요일 3:1. 어떤 방식으로든 그들을 방해하거나 저지할 수 있는 것은 아무것도 남아 있지 않기 때문에 그들은 훨씬 더 열정적이고 강렬하게 하나님을 향한 사랑으로 타오릅니다. 처음 두 번째 상태는 그렇다고 주장할 수가 없습니다. 왜냐하면 첫 번째 상태에서 육체는 노동과 더불어 탄생되었으며, 두 번째 상태에서 육체는 일말의 욕구도 갖지 않은 채 기다리고 있기 때문입니다.

XI. 32. 첫째 상태에서 신실한 영혼은 빵을 먹지만, 안타깝게도 이마에 흘린 땀과 더불어 먹습니다창 3:19. 육체 가운데 있는 동안 영혼은 믿음에 의해 움직이는데, 믿음은 사랑을 통해서만 활동합니다. 만약 그렇지 않다면, 그 믿음은 죽은 믿음입니다약 2:20.

주님이 "나의 양식은 나를 보내신 이의 뜻을 행하며 그의 일을 온전히 이루는 이것이니라"요 4:34라고 말씀하신 것처럼 이러한 일이 곧 양식입니다. 영혼이 육체로부터 자유로워지면, 영혼은 더 이상 수고의 빵을 먹지 않습니다시 127:2. 수고의 빵을 다 먹은 후 그들은 사랑의 포도주를 마음껏 마시는 것이 허락됩니다. 그러나 〈아가〉서에서 신부에 대해 "내 포도주와 내 우유를 마셨으니"아 5:1라고 기록된 것처럼 그 포도주는 순수한 포도주가 아닙니다. 자신의 영광스러운 몸을 회복하기 원할 때, 영혼은 본성적 애정의 달콤함과 신적인 사랑의 포도주를 혼합합니다. 그런 까닭에 영혼은 거룩한 사랑의 포도주에 취해 타오르지만, 혼합된 우유가 잠시 동안 그것을 누그러뜨리기 때문에 극도의 흥분 상태에는 이르지 않습니다. 극도로 흥분한 상태는 마음을 억눌러 모든 것을 망각하게 합니다. 그러나 여전히 자신의 몸을 회복하는 데에 관심이 있는 영혼은 자신을 완전히 잊어버리지 않습니다. 그리고 일단 자신이 필요하다는 것을 알게 되면, 그에게 하나님처럼 되도록 주어진 만큼 자신을 포기하면서 스스로 완전히 작별을 고하고 하나님께로 가는 것을 무엇이 막을 수 있겠습니까? 오직 영혼만이 우리가 "내 잔이 넘치나이다"시 23:5라고 읽는 바와 같이 지혜의 잔을 마실 수 있도록 허락되었습니다. 영혼이 하나님의 임재의 부요함에 의해 취하는 것이 놀라운 일입니까? 세상적인 돌봄에 의해 더 이상 괴로움을 겪지 않는다면, 영혼은 그리스도와 함께 아버지 집에서 안전하게 순수한 포도주를 마실 것입니다마 26:29; 막 14:25.

XI. 33. 지혜가 이러한 사랑의 세 가지 연회잠 9:1-2, 즉 노동하는 자들을 먹이고, 쉬는 자들에게 마실 것을 주고,

다스리는 자들을 흥겹게 하는 일을 주관합니다. 이 세상에서의 연회처럼 마시기 전에 음식이 제공되며, 본성의 순리가 요구하는 것처럼 지혜가 그 일을 계속합니다.

우리의 죽음이 이를 때까지 우리는 삼켜야만 하는 것을 열심히 씹으면서 우리의 손으로 수고한 것을 먹습니다시 128:2. 죽은 후 영적인 삶에서 우리는 우리에게 제공되는 것은 두엇이나 가볍게 마십니다. 그 후 우리의 몸이 부활되면 말로 형언할 수 없는 풍성함 가운데서 불멸의 삶에 의해 한껏 취하게 됩니다. 이것이 바로 신랑이 〈아가〉서를 통해 "나의 친구들아 먹으라 나의 사랑하는 사람들아 많이 마시라"아 5:1고 한 말의 뜻입니다.

사랑하는 자는 참으로 사랑에 취합니다. 사랑에 취한 사람은 하나님께서 그의 교회를 영광 중에, 즉 티도 없고, 주름 잡힌 것도 없고, 흠도 없이 들어올리실 때에엡 5:27 하늘나라에서 그분과 함께 먹고 마시면서눅 22:30 어린 양의 혼인잔치에 참예할 가치가 있습니다계 19:9. 그분은 기쁨을 쏟아부어 사랑하는 자를 흥겹게 할 것입니다. 왜냐하면 가장 큰 열정과 사랑 가운데서 신랑과 신부의 포옹, 즉 강물과 같은 격정이 하나님의 도성을 즐겁게 하기 때문입니다. 나는 이것이 그분의 나라에 가서 우리를 기다리고 계신 하나님의 아들이 "의인은 기뻐하여 하나님 앞에서 뛰놀며 기뻐하고 즐거워할지어다"시 68:3라고 약속하신 것 이상은 아무것도 아니라고 생각합니다. 역겨움이 없는 충만함, 침착하지만 만족을 모르는 호기심이, 부족함을 모르는 영원한 욕구가, 그리고 포도주를 지나치게 마시지 않았기 때문에 포도주의 악취를 풍기지 않고 오히려 하나님을 향해 불타오르는 흥겨움행 2:15이 여기 있습니다.

이로 인해 네 번째 단계의 사랑을 영원히 소유할 수 있게 됩니다. 왜냐하면 하나님께서 홀로 그 무엇보다 사랑받으실 때, 그분을 위해서가 아니고서는 우리가 우리 자신을 사랑하지 않으며, 그분 또한 스스로 그분을 사랑하는 자들을 위한 보상, 즉 영원을 위해 그를 사랑하는 자들의 영원한 보상이 되시기 때문입니다.

계속되는 편지에 대한 서문

XII. 34. 나는 얼마 전 거룩한 카르투르스Carthusian 형제들에게 쓴 편지에서 다른 문제들과 함께 사랑의 네 단계에 관해 논했던 것을 기억합니다. 내가 여기에서 논하고 있는 것 외에 나는 그 편지에서 사랑에 관한 다른 것들을 더 언급했습니다. 때문에 나는 여기에 그 내용을 첨가하는 것이 더 유익하리라고 생각합니다. 왜냐하면 새로운 무언가를 쓰는 것보다 내가 이미 쓴 내용을 기록하거나, 혹은 받아적도록 준비하는 것이 쉽기 때문입니다.

사랑에 관해 카르투르스의 거룩한 형제들에게 보내는 편지

나는 참되고 신실한 사랑은 전적으로 "청결한 마음과 선한 양심과 거짓이 없는 믿음"딤전 1:5으로부터 우리가 자신의 선뿐만 아니라 이웃의 선을 사랑함에 의해 나온다고 말하는 것이 옳다고 생각합니다. 자신을 가장 사랑하거나 혹은 자신만 사랑하는 사람은 순수하게 선을 사랑하지 않는데, 왜냐하면 그가 선 자체를 위해서가 아니라 자신을 위해서 선을 사랑하기 때문입니다. 그런 사람은 "여호와께 감사하라 그는 선하시며 그의 인자하심이 영원함이로다"시 118:1라는 선지자의 말에 순종할 수 없습니다. 아마 그는 하나님을 찬양할 것인데, 그것은 하나님께서 선하시기 때문이 아니라 하나님께서 그에게 선하시기 때문입니다. 동일한 선지자가 그에게 "존귀에 처하나 깨닫지 못하는 사람은"시 49:20이라고 책망한 것을 주목합시다.

어떤 사람들은 하나님의 능력 때문에, 또 어떤 사람들은 하나님께서 그들에게 선하시기 때문에, 그리고 어떤 사람은 단지 하나님께서 선하시기 때문에 하나님을 찬양합니다. 첫 번째 사람은 자신의 유익을 위해 두려워하는 노예입니다. 두 번째 사람은 자신을 위해 이익을 갈망하는 장사치입니다. 그리고 세 번째는 그의 아버지에게 영광을 돌리는 아들입니다. 두려워하는 사람도 탐욕으로 가득 찬 사람도 자신의 유익을 따라 행동합니다. 그러나 아들과 같이 사랑하는 사람은 자신의 유익을 구하지 않습니다고전 13:5. 나는 이런 설명이 사랑의 종류를 일컫는다고 생각합니다. "여호와의 계명은 순결하여 눈을 밝게 하시도다"시 19:8. 왜냐하면 오직 말씀만이 자신과 이 세상을 사랑하는, 그리고 이 세상을 향해 있는 마음을 하나님께로 돌려놓을 수 있기 때문입니다. 두려움도 자기 자신을 사랑하는 것도 영혼을 돌이킬 수는 없습니다. 그들은 때때로 드러나는 행위만을 바꿀 뿐, 결코 기질은 바꿀 수 없습니다. 노예도 때때로 하나님의 일을 합니다. 그러나 그가 자유하기 위해서 일하지 않기 때문에, 그는 계속해서 억압된 상태로 남아 있게 될 것입니다. 장사치 역시 하나님의 일을 합니다. 하지만 그는 대가를 바라고 일하기 때문에, 자신의 욕망에 이끌린 것에 대해 심판을 받을 수 있습니다. 당신은 자신의 이익을 추구하는 곳에 함정이 있으며, 그 함정에는 부패와 오류가 있다는 사실을 발견하게 될 것입니다겔 24:12-13. 그러므로 노예에게 그분의 법룜 2:14, 즉 그를 지배하고 있는 그분에 대한 두려움을 갖게 합시다. 그리고 장사치에게는 그분의 탐욕, 즉 유혹이 그를 끌어당길 때 그를 지키는 그분의 탐욕을 소유하게 합시다. 그러나 이 둘 모두가 흠이 없는 것은 아니며, 영혼을 바꿀 수 있는 것도 아닙니다. 진실로 사랑만이 그들을 자발적으로 만들기 때문에, 사랑만이 그들을 변화시킬 수 있습니다.

XII. 35. 나는 자신을 위해 아무것도 가지고 있지 않기 때문에 사랑을 '흠 없는'이라고 부릅니다. 만일 어떤 사람이 자신을 위해 아무것도 보유하지 않고 있다면, 그가 가진 모든 것은 하나님께 속해 있습니다. 그리고 하나님께 속한 것은 무엇이나 정결하지 않을 수 없습니다. 그런 까닭에 사랑은 하나님의 흠 없는 법이며, 다른 사람들을 이롭게 하는 것 외에 자신의 유익을 추구하지 않습니다고전 10:33, 13:5. 하나님 그분 자신이 사랑에 따라 살기 때문에 사랑은 주님의 법이라고 불리며, 또한 그 누구도 소유하고 있지 않기 때문에 하나님의 선물로서만 주어집니다. 내가 이미 법은 사랑뿐이라고 말했기 때문에, 하나님이 그 법에 따라 살고 있다는 말조차 내게는 터무니없는 것으로 들리지 않습니다. 사랑이 아니고서는 그 무엇이 거룩한 삼위일체의 형언할 수 없는 그 최상의 일치를 유지하겠습니까? 사랑의 법은 어떤 의미에서 삼위이신 하나님을 평안을 매는 줄로 묶어 일체가 되게 하는 주님의 법입니다엡 4:3. 그러나 그 누구도 내가 이러한 사랑을 질적인 것으로, 혹 우연으로 받아들이고 있다고 생각해서는 안 됩니다. 만약 내가 그렇다면, 나는 하나님 아닌 무언가가 하나님 안에 있다고 하는, 정말이지 사라져야만 하는 생각을 말하고 있음이 분명합니다. 그러나 요한이 "하나님은 사랑이심이라"요일 4:8라고 말한 것처럼, 사랑은 그 자신 외에는 결코 아무것도 아닌 신적 실체입니다.

참으로 신적 실체는 사랑이고, 하나님이고, 하나님의 선물입니다엡 2:8. 그래서 사랑이 사랑을 주고, 실체는 우연을 가장합니다. 그것이 수여자를 의미할 때, 그것은 실체의 이름입니다. 그것이 선물을 의미할 때, 그것은 질적인 것입니다. 이것이 우주를 창조하고 다스리는 영원한 법입니다. 만물은 이 법칙에 따라 질량과 길이와 수로 창조되었습니다^{지혜서 11:20}. 이 법칙 외에 존재하는 것은 아무것도 없습니다. 비록 법이 법에 따라 자신을 창조하지 않았다고 할지라도 법은 여전히 자신을 다스립니다. 그러므로 법은 단지 법이기 때문에 모든 법이 이 법 안에 있습니다.

XIII. 36. 노예와 장사치는 하나님으로부터 말미암지 않는 법을 가지고 있습니다. 노예는 하나님을 사랑하지 않고, 장사치는 하나님보다 다른 것을 더 사랑합니다. 그들은 주님의 것이 아닌 법을 가지고 있습니다^{롬 2:14}. 참으로 우리는 저마다 우리 자신의 법을 만들 수 있지만, 그 누구도 자신의 법을 영원한 법의 변하지 않는 위계와 독립된 것으로 만들 수는 없습니다. 나는 하나님이 인간에게 법인 것처럼 인간 또한 자신의 의지를 법으로 만들어서 자신을 다스리기 위해 사악하게도 창조자를 모방하면서 자신의 의지를 보편적이고 영원한 법 앞에 둘 때 자신의 법을 만들게 된다고 말했습니다. 오호라! 우리의 목을 휘게 하고, 우리를 지옥으로 이끄는 감당할 수 없는 무거운 짐이 아담의 모든 자손에게 지워져 있습니다^{집회서 40:1; 행 15:10}. "오호라 나는 곤고한 사람이로다 이 사망의 몸에서 누가 나를 건져내랴"^{롬 7:24}라는 말씀으로 인해 나는 "여호와께서 내게 도움이 되지 아니하셨다면 내 영혼이 벌써 침묵 속에 잠겼으리로다"^{시 94:17}라고 부르짖을 정도로 겁에 질려 거의 죽게 되었습니다.

이러한 죄의 짐 아래 눌린 사람은 "어찌하여 나를 당신의 과녁으로 삼으셔서 내게 무거운 짐이 되게 하셨나이까"^{욥 7:20}라고 한탄합니다. '내게 무거운 짐이 되게 하셨나이까'라는 말은 그가 자신의 법이고, 그래서 자신이 그런 일들을 초래했다는 것을 보여줍니다. 그러나 그는 먼저 하나님께 '어찌하여 나를 당신의 과녁으로 삼으셔서'라고 말을 걸음으로써 그가 하나님의 법으로부터 도망가지 않았다는 사실을 나타냅니다.

온유하게 다스려지기를 꺼려하는 사람이 자신에 의해 고통스럽게 지배당한다는 것은, 그리고 온유한 멍에와 가벼운 사랑의 짐^{마 11:30}을 지기 위해 기꺼이 자신의 자유 의지를 거부한 사람이 자신의 의지^{마 23:4}라는 참을 수 없는 짐을 감당할 수 있게 된다는 것은 영원하고도 공평한 하나님의 법이 가진 특성입니다. 이렇게 놀랍고도 공평한 방식으로 영원한 법은 그곳으로부터 나온 사람들을 사로잡아 그의 반대편에 서게 합니다. 그리고 동시에 그 사람들로 하여금 자신에게 복종하게 만듭니다. 그러나 그는 아직 하나님과 함께 빛과 안식, 그리고 영광 가운에 거하지 않습니다. 왜냐하면 그가 힘에 굴복하여 행복으로부터 추방당했기 때문입니다. 오 나의 주 하나님이여, "나 허물을 사하여 주지 아니하시며 내 죄악을 제거하여 버리지 아니하시나이까"욥 7:21. 그래서 나 자신의 의지라는 무거운 짐으로부터 자유케 되었기 때문에, 나는 사랑의 빛 아래서 자유롭게 숨쉬고, 노예들의 두려움에 지배당하거나 장사치의 탐욕에 유혹되지 않고, 당신의 영롬 7:21, 즉 자유의 영고후 3:17에 의해서만 움직여집니다. 당신의 영은 내 영에 대해 나 역시 당신의 자녀라는롬 8:14, 16, 그리고 당신과 나에게는 같은 법이 존재한다는 증거를 가지고 있습니다. 당신의 자녀들은 당신의 영을 따라 살기 때문에, 나는 이 세상에서 당신의 존재처럼 될 것입니다요일 4:17. "피차 사랑의 빚 외에는 아무에게든지 아무 빚도 지지 말라"롬 13:8는 사도의 가르침을 따라 사는 자

하나님을 사랑하는 것에 관하여 • 95

들이 이 세상에 하나님께서 존재하시는 것처럼, 즉 노예도 아니고 장사치도 아닌 아들로 존재한다는 것은 의심할 여지가 없습니다.

XIV. 37. 누군가 "율법은 옳은 사람을 위하여 세운 것이 아니요"딤전 1:9라는 말씀을 다르게 해석하지 않는다면, 아들들은 법 밖에 있지 않습니다. 당신은 노예의 영에 의해 두려움으로 주어진 법과 온유함으로 주어진 자유케 하는 법이 다르다는 사실을 알아야만 합니다. 자녀들은 두려움 아래 있지 않으나, 사랑 없이는 살 수 없습니다.

선한 사람들에게는 왜 법이 필요 없는지 듣길 원하십니까? 성경은 "너희는 다시 무서워하는 종의 영을 받지 아니하고"롬 8:15라고 기록하고 있습니다. 법 아래 있지 않지만 아직 법으로부터 자유롭지 않다고 말하는 정직한 사람의 말을 들어보십시오. 그는 "율법 아래에 있는 자들에게는 내가 율법 아래에 있지 아니하나 율법 아래에 있는 자 같이 된 것은 율법 아래에 있는 자들을 얻고자 함이요. 율법 없는 자에게는 내가 하나님께는 율법 없는 자가 아니요 도리어 그리스도의 율법 아래에 있는 자이나 율법 없는 자와 같이 된 것은"고전 9:20-21이라고 말합니다. 그러므로 '정직한 자는 법을 가지고 있지 않습니다', '옳은 사람은 벌 아래 있지 않습니다', 그러나 '법은 선한 자들을 위해 만들어지지 않았습니다'라고 말하는 것은 옳지 않습니다. 즉 법은 그들의 의지와 무관하게 부과되지 않고, 오히려 그들이 기꺼이 원할 때에 아무런 대가 없이 주어지며, 선에 의해 고취됩니다딤전 1:9. 그래서 주님은 마치 "나는 네게 이 법을 부당하게 지우고 싶지 않다, 그러나 네가 원한다면, 이 법을 취해라. 그렇게 하지 않는다면, 네 영혼은 안식이 없는 수고만 얻게 될 것이다"라고 말씀하시는 것처럼 "나의 멍에를 메고"마 11:29라고 말씀하십니다.

XIV. 38. 사랑의 법은 선하고 달콤합니다. 사랑의 법은 쉽고 가볍게 질 수 있을 뿐만 아니라 인간을 노예와 장사치로 만드는 법을 감당할 수 있게 합니다. 사랑의 법은 그 법들을 파괴하지 않고, 오히려 완성시킵니다. 주님은 "너가 율법이나 선지자를 폐하러 온 줄로 생각하지 말라 폐하러 온 것이 아니요 완전하게 하려 함이라"마 5:17라고 말씀하십니다. 사랑의 법은 노예들의 법을 부드럽게 하며, 장사치들의 법을 질서 있게 만듭니다. 사랑의 법은 그 모두를 가볍게 합니다. 순결한 사랑 외에 어떤 사랑도 두려움이 없을 수 없습니다. 풍성함 가운데 있지 않는 한 탐욕 없는 사랑은 있을 수 없습니다. 그러므로 사랑이 헌신으로 흘러 넘칠 때 사랑은 노예의 법을 온전케 하며, 사랑이 탐욕에 한계를 정할 때 비로소 장사치의 법이 완전케 됩니다.

두려움과 뒤섞인 헌신은 두려움을 없애지는 못하지만, 두려움을 정결케 합니다. 노예 상태에 있는 동안 법은 두려움 없이 기능을 할 수 없기 때문에 징벌을 면하게 됩니다. 두려움은 영원히 존재하지만, 그 두려움은 순전한 자녀다운 두려움입니다. 우리는 "온전한 사랑이 두려움을 내쫓나니"요일 4:18라는 말씀을 들었습니다. 이 말씀은 반드시 노예의 두려움이 포함된 징계를 언급하는 것으로 이해되어야 합니다. 내가 이미 언급했던 것처럼 이런 말씀에 의해 종종 원인은 효과를 목적으로 주어지기 때문입니다.

사랑이 탐욕을 감싸 안을 때 탐욕은 질서에 이르게 되고, 악은 비난을 받고, 가장 좋은 것은 그저 좋은 것으로 여겨지며, 가장 좋은 것을 위해 선을 열망합니다. 하나님의 은총에 의해 그러한 것이 완전히 성취되면, 육체와 육체를 위한 육체의 모든 선한 것과 하나님을 위한 영혼의 선, 그리고 하나님 자신을 위한 하나님 자신이 모두 사랑을 받습니다.

XV. 39. 그러나 진실로 우리가 세속적이며, 또한 세속적 욕망을 가지고 태어났기 때문에 롬 7:14, 우리의 욕망과 사랑이 육신에서 비롯된다는 것은 피할 수 없는 사실입니다. 그러나 우리의 욕망과 사랑이 올바른 방향을 설정하기만 한다면, 그것은 은총에 의해 여러 단계를 거쳐 영이 완성되는 데에까지 나아가게 될 것입니다. "먼저는 신령한 사람이 아니요 육의 사람이요 그 다음에 신령한 사람이니라" 고전 15:46. 영적인 닮음을 소유하기 전에 육체적으로 닮는 것이 필요합니다. 그는 육체를 가진 피조물인 까닭에 자신을 넘어서는 것은 볼 수 없습니다. 그러나 그는 자신의 창조자가 될 수 없다는 것을 알고 있기 때문에 믿음으로 하나님을 구하기 시작하고 히 11:6, 그가 하나님을 필요로 하기 때문에 그분을 사랑하기 시작합니다. 그래서 그가 두 번째 단계에서 하나님을 사랑하게 되지만, 그는 여전히 하나님을 위해서가 아니라 자신을 위해서 하나님을 사랑합니다. 그러나 그가 하나님을 예배하기 시작할 때, 그리고 그분이 필요하기에 계속 그분께 나아갈 때 하나님께서는 그의 생각, 독서, 기도, 그리고 순종을 통해서 그에게 그분 자신을 드러내 주십니다. 하나님께서는 이런 친밀감의 증진을 통해 그로 하여금 하나님의 달콤함을 진실로 느낄 수 있게 하십니다. 이런 방식으로 그가 하나님이 얼마나 달콤하신 분인가를 경험하게 되면, 그는 자신을 위해서가 아니라 하나님을 위해서 하나님을 사랑하는 세 번째 단계로 나아가게 됩니다. 그는 이 단계에 매우 오랫동안 머물게 됩니다. 나는 이 세상에 사는 어떤 이가 하나님을 위해서 자신을 사랑하게 되는 네 번째 단계에 온전히 이를 수 있는지는 알지 못합니다.

만일 누군가가 그 단계를 경험했다면, 그 사람이 그것에 대해서 말하도록 내버려 두십시오. 하지만 나에게 그것은 불가능하게 보입니다. 나는 네 번째 단계의 사랑은 착하고 충성스러운 종이 주님의 기쁨으로 인도될 때 마 25:21, 그리고 하나님의 집에 가득한 부요함에 의해 만족할 때 가능할 것이라고 생각합니다. 비록 어떤 신비한 방법에 의해 그가 자신을 망각하거나 제정신이 아니게 된다고 할지라도 그는 온전히 하나님을 향할 것이며, 결국 영으로 그분과 하나가 되기 위해서고전 6:17 그분께 매달릴 것입니다. 나는 선지자가 "내가 주 여호와의 능하신 행적을 가지고 오겠사오며 주의 의 곧 주의 의만 진술하겠나이다"라고 말했을 때 이것을 느꼈다고 생각합니다. 그는 그가 주님의 영적인 권능 안에 들어갈 때 육체의 모든 약함을 벗어 던져야만 한다는 사실을 잘 알고 있었습니다. 그는 더 이상 그것을 생각할 필요가 없었습니다. 영 안에서 그는 오직 하나님의 공의만을 생각하게 될 것입니다.

40. 그리스도의 몸된 교회의 모든 구성원들은고전 6:15 바울이 교회의 머리 되신 분께 "비록 우리가 그리스도도 육체적으로 알았으나 이제부터는 이같이 알지 아니하노라"고 말한 것처럼 말할 수 있습니다. 육체를 따라서는 아무도 자신을 알지 못합니다. 왜냐하면 "혈과 육은 하나님 나라를 이어 받을 수가 없기 때문입니다"고전 15:50. 그것은 미래에 육체가 실체로서 존재하지 않을 것이기 때문이 아니라 육신의 모든 필요가 사라지고, 또한 육체적인 사랑이 영적인 사랑에 흡수되며, 우리가 지금 가지고 있는 인간의 연약한 애정이 신적인 애정으로 변화될

것이기 때문입니다.

그러므로 끝없이 넓은 바다에서 끊임없이 모든 종류의 물고기를 잡는 사랑의 그물이 바닷가로 끌어올려지면 나쁜 것은 버리고, 그분은 오직 좋은 것만 취할 것입니다 마 13:47-48. 이 세상의 삶에서 모든 종류의 고기가 사랑이라는 그물 안에 잡힐 것입니다. 그분은 그분에게 맞서는 사람이나 그분을 위하는 사람 모두를 끌어들이면서 감싸 안을 것입니다 고전 9:19. 그분은 기뻐하는 자들과 함께 기뻐하고 우는 자들과 함께 울며 롬 12:15 그들을 자신의 사람들로 만들 것입니다. 그러나 그물이 바닷가로 끌어올려질 때 슬픔 가운데 고통당하던 모든 사람들은 부패한 고기처럼 버려짐을 당할 것이며, 그분은 오직 즐거워하던 기쁜 자들만을 취할 것입니다.

그러나 바울조차도 연약한 자들을 위해 약해지거나, 모략이나 연약함이 사라질 그 날에 고통을 받도록 예비된 자들을 위해 애가 타겠습니까? 고후 11:29 죄와 참회가 없어질 때 그가 회개하지 않던 자들을 위해 슬퍼하겠습니까 고후 12:21? 기쁨의 강물이 밀려오는 하나님의 도성, 그리고 주님께서 야곱의 장막보다 더 사랑하시는 하나님의 도성에 거하게 될 때 그가 마귀나 마귀의 천사들과 함께 영원한 불에 들어가도록 심판을 받은 사람들을 위해서 울 것이라는 생각은 버리십시오. 지금 때때로 승리의 기쁨을 누린다고 할지라도, 전쟁에는 긴장이 있으며, 또한 생명은 위험에 처해 있습니다. 〈시편〉 기자는 "즐거워하는 모든 이들이 네 안에 머물 것이다"[시 87:7]라고, 그리고 "영원한 기쁨이 있으리라"[사 61:7]고 말한 것처럼 우리의 집이 있는 그곳에는 더 이상 슬픔도 고난도 없습니다. 마지막으로 오직 그 생각만이 하나님의 공의에 대한 생각이라고 한다면 자비는 어떻게 기억되어야 하겠습니까[시 71:16]? 그곳에는 비참함이 거할 장소나 자비가 필요한 시간이 없으며, 또한 연민에 대한 느낌도 전혀 없을 것입니다.

사랑

《아가서 설교》 여든 세번째

Ⅰ. 하나님께 순응하기 위하여, 어떻게 영혼이 새로워져 자신 있게 이 악함들에서 그분의 말씀으로 돌아갈 수 있겠습니까? Ⅱ. 사랑의 감동이 다른 감동보다 어떻게 더 강력할까요? Ⅲ. 신부가 자신의 존재 전체를 통해 사랑하는 것만으로 충분한 반면, 신랑은 어떻게 사랑의 주도권을 갖고 브다 강력하게 사랑합니까?

1.1. 나는 마지막 3일 동안 나에게 주어진 시간을 하나님의 말씀과 영혼 사이에 내저하는 밀접한 관계를 보여주는 데에 사용하였습니다. 이런 수고를 통해 얻는 가치는 무엇일까요? 우리는 죄의 선고를 받고 희망 없이 남

아 있는 모든 영혼이 어떻게 저주를 되돌릴 힘을 발견하여 희망을 얻을 수 있는지, 다시 말해 모든 영혼이 어떻게 용서와 자비라는 희망의 신선한 공기를 들이쉴 수 있는지 살펴보았습니다. 뿐만 아니라 하나님과의 결합을 두려워하지 않으면서 천사들의 왕 되신 그분과의 사랑이 주는 달콤한 멍에를 감당하면서 감히 하나님 말씀과의 혼례를 갈망할 수 있게 되었는지를 살펴보았던 것입니다. 비록 우리의 영혼이 죄에 짓눌려 있고, 악습에 말려들어 있고, 쾌락의 유혹에 의해 함정에 빠져 있고, 유배지의 포로가 되어 있고, 육체에 갇혀 있고, 진창에 빠져 있고, 궁지에 고착되어 있고, 신체 각 부분에 구속되어 있고, 걱정거리의 노예가 되어 있고, 일거리들 때문에 어수선해져 있고, 슬픔으로 괴로워하고 있고, 걱정스럽고 불길한 조짐들과 불안한 의심들로 인해 방황하며 빗나가 있고, 적대적인 땅에서 이방인이 되어 있고, 한 예언자의 말처럼 죽은 이들의 오욕을 나누면서 지옥으로 내려가는 이들로 간주되지만 말입니다.

  도대체 왜 우리의 영혼이 자신감 속에서 그분의 임재로 들어가면 안 되겠습니까? 그분의 이미지를 통해 영혼이 영광스러워지고 그분과의 유사함을 통해 스스로 빛나게 된다는 것을 잘 알고 있는데 말입니다. 영혼의 근원이신 분이 우리 영혼에 당당함을 부여해 주셨는데, 도대체 왜 우리의 영혼은 주권자이신 분을 두려워해야 한단 말입니까? 영혼은 마땅히 죄 없는 삶을 통해 본래적인 순수함을 지키고 가꾸어야 합니다. 보다 정확히 말하면, 영혼의 행위와 성향의 밝음을 통해 본래적으로 빛나는 아름다움을 가꾸고 꾸미기 위해 애써야 하는 것입니다.

2. 그렇다면 왜 영혼은 그렇게 하지 않을까요? 우리 안에는 천부적인 재능이 있는데, 만약 그것이 온전히 활동하지 못하면, 철이 녹에 의해 부식되는 것과 같이 우리의 나머지 본성은 영락零落할 것입니다. 이것은 우리 영혼의 창조주이신 분을 모욕하는 것입니다. 때문에 창조주 하나님께서는 우리의 영혼이 거룩한 영광과 고귀함을 항상 보존하기를 바라십니다. 그렇게 함으로써 우리의 영혼은 자체적인 그 무엇, 즉 우리 영혼이 항상 하나님 말씀으로 훈계되어 그분과 함께 머물거나, 설령 빗나갔을 경우에도 그분께로 되돌아올 수 있는 그 무엇을 소유하게 되는 것입니다. 영혼은 장소를 바꾸거나 이동함으로써 빗나가는 것이 아니라, 영적 실체의 본질, 즉 그것의

사랑 • 109

애착 또는 오히려 그것의 결함 때문에 빗나가게 됩니다. 그리하여 삶의 태도에 있어서 그분을 닮지 못하게 될 때, 영혼은 퇴보하고 맙니다. 그러나 이러한 변화는 영혼 본성의 파괴가 아닌 결함에 해당됩니다. 왜냐하면 본래적 선함이란 악과의 교류를 통해 손상될 수 있는 것이지만 자체적인 비교에 의해 증진될 수도 있기 때문입니다. 그래서 영혼은 하나님 말씀으로 돌아오고 회심하여 그분에 의해 새롭게 되고 그분께 순응하게 되는 것입니다. 이것은 어떤 방법으로 이루어질까요? 바로 자애로움 안에서입니다. 성경은 다음과 같이 말합니다. "그러므로 사랑을 받는 자녀 같이 너희는 하나님을 본받는 자가 되고 그리스도가 너희를 사랑하신 것 같이 너희도 사랑 가운데서 행하라"엡5:1-2.

3. 그러한 유사함은 영혼을 하나님 말씀에 결합시킵니다. 왜냐하면 본래적으로 말씀과 유사한 이는 사랑을 받는 만큼 또한 사랑하면서 그분의 뜻을 행하는 가운데 자기 자신이 그분과 유사해지는 것을 보여주기 때문입니다. 온전히 사랑할 때 영혼은 말씀과 하나가 됩니다. 이러한 일치보다 더 사랑스러운 일이 어디 있겠습니까? 자

애로움보다 더 바람직스러운 것이 있을까요? 오, 영혼이여, 자애로움을 행함으로써 당신은 사람인 한 분의 스승을 만족시키는 것이 아닙니다. 당신은 자신 있게 그 말씀에 다가가고 있는 것입니다. 영원히 그분께 밀착되어 다정한 친구를 대하듯 그분께 말하십시오. 또한 당신의 담대한 갈망에 비례하는 영적 이해에 대한 모든 문제를 그분께 의탁하십시오. 진실로 이것은 영적인 계약이고 거룩한 혼인입니다. 그것은 계약을 넘어 합쳐지는 것이니 그 안에서 둘은 뜻으로 하나가 되고, 그럼으로써 한 영이 됩니다고전 6:17. 둘 사이에 있는 같지 않음이 뜻의 합치를 손상시킬 것이라며 두려워할 필요가 없습니다. 왜냐하면 사랑은 들 사이의 존중을 넘어서는 것이기 때문입니다. 사랑이 이름을 얻는 것은 사랑에 의한 것이지 공경함에 의한 것이 아닙니다. 공포, 마비, 두려움, 또는 놀라움으로 가득 찬 사람은 경외함으로 만족하게 하십시오. 사랑이 있는 곳에는 이 모든 것들이 중요하지 않습니다. 사랑은 그 자체로 충분한 것입니다. 사랑이 있을 때, 그것은 다른 모든 애착을 흡수하고 정복합니다. 그러므로 사랑이란 사랑하는 것을 사랑하는 것입니다. 그것은 다른 어떤 것을 알지 못합니다. 정당하게 공경받고, 경외함으로써 간직되고, 찬탄을 받는 사람은 사랑받기를 더 좋아합니다. 그분과 영혼은 신랑과 신부입니다. 당신은 그러한 맺어짐 속에서 사랑하고 사랑받는 것 외에 어떤 다른 유대나 강력한 충동을 찾고 있는 것입니까?

II. 이러한 유대는 부모와 자식 사이에 있는 태생적으로 확고한 연대보다 더 강한 것입니다. 복음서에서 말하기를 "그러므로 사람이 부모를 떠나서 아내에게 합하여 그 둘이 한 몸이 될지니라 하신 것을 읽지 못하였느냐"마 19:5라고 하는 것입니다. 신랑과 신부 사이에 존재하는 이러한 감정이 얼마나 강한지를 당신은 잘 알 것입니다. 그것은 그 어떤 애정보다 강할 뿐만 아니라 심지어 사랑 자체보다 더 강합니다.

4. 이제 신랑은 사랑하는 것에서 그치는 것이 아니라, 그가 사랑 자체입니다. 그가 또한 영광스러울까요? 어떤 사람은 그렇다고 주장하기도 하지만 나는 그렇게 이해하지 않습니다. 나는 하나님이 사랑이라는 것을 읽어서 알고 있으나요일 4:16, 그분이 영광스러움이라는 것은 알지 못합니다. 이것은 하나님이 영광스러움을 바라지 않

는다는 것을 뜻하지 않습니다. 실로 그분은 "내가 아비일진대 나를 공경함이 어디 있느냐"말 1:6라고 말했습니다. 여기서 그분은 아버지로서 말하고 있습니다. 그러나 그분이 자신이 남편이라고 선언했다면 나는 그가 표현을 바꾸어, '내가 신랑이면 나를 향한 사랑은 어디에 있느냐?'라고 말했을 것이라 생각합니다. 왜냐하면 그분은 앞서 "내가 주인일진대 나를 두려워함이 어디 있느냐?"말 1:6라고 말했기 때문입니다. 이와 같이 하나님은 주로서 경외되고, 아버지로서 공경을 받고, 신랑으로 사랑을 받아야 함이 마땅합니다.

이들 가운데 어떤 것이 가장 높고 고결한 것입니까? 확실히 사랑입니다. 사랑 없이 두려워함은 고통을 낳고, 공경함은 은혜로울 수가 없습니다. 사람이 사랑에 의해 자유롭게 되지 않음으로써 나타나는 두려움은 종의 운명입니다. 사랑에 의해 고쳐지지 않은 공경함은 영광 대신 아첨을 드리는 것입니다. 영예와 영광은 하나님께만 속하는데, 하나님은 영예와 영광이 사랑이라는 꿀로 감미로워지지 않는다면 그 어떤 것도 받지 않으십니다. 사랑은 그 자체로 충분합니다. 사랑은 스스로에게 또한 스스로를 위해 기쁨을 줍니다. 사랑은 그 자신의 공로이며 보상

사랑 • 113

입니다. 사랑은 그 자체를 넘어선 어떤 이유도 필요로 하지 않으며, 어떤 결과도 요구하지 않습니다. 사랑 자체가 사랑의 목적입니다. 나는 내가 사랑하기 때문에 사랑합니다. 나는 내가 사랑할 수 있기 때문에 사랑합니다.

사랑은 위대한 실체인데, 만약 사랑이 스스로의 근원을 찾아 거슬러 올라가 삶의 출발점으로 돌아간다면, 사랑은 그것으로부터 새로워져 거리낌없이 흐를 것입니다. 사랑은 영혼의 동작들과 분별들, 그리고 그 연모함들 가운데 최상의 것이니, 그 사랑을 통해 비록 평등하게는 아니지만 피조물은 자신의 창조주에게 응답할 수 있고, 그분의 은총에 보답할 수 있습니다. 예를 들면 만약 하나님이 나에게 화를 낸다면, 반대로 나도 화를 내어야 할까요? 그렇지 않습니다. 나는 두려움으로 떨 것이며 용서를 구할 것입니다. 또한 만약 그분이 나를 나무라시면, 나는 그분을 비난하지 않고, 오히려 그분을 정당화할 것입니다. 그분이 나를 판단한다면 나는 그분을 판단하지 않고, 오히려 찬미할 것입니다. 그분은 나를 구원하면서 나에게 구해달라고 요청하지 않으십니다. 모든 사람을 해방시키는 그분은 나에 의해 해방될 필요가 없습니다. 그분이 명하시면 나는 복종해야 하며, 그분의 도움이나 복종을 요구하지 않아야 합니다. 이제 당신은 사랑의 차이를 알았을 것인데, 하나님이 사랑하실 때 그분은 사랑받는 것 외에 아무것도 바라지 않습니다. 왜냐하면 그분은 사랑받는 것 외의 어떤 이유로도 우리를 사랑하지 않기 때문입니다. 실로 그분은 자신을 사랑하는 이들이 바로 그 사랑 때문에 행복하리라는 것을 알기 때문입니다.

5. 사랑은 위대한 실재인데, 그것에는 등급이 있습니다. 신부는 가장 존귀한 곳에 위치합니다. 자녀들은 아버지를 사랑하지만, 자신들이 받을 유산을 따집니다. 그리하여 유산을 잃는 것을 두려워하는 한, 그들은 재산을 물려주는 존재를 사랑하기보다는 공경하게 됩니다. 나는 무언가를 얻으려는 것을 기대하는 사랑을 의심스럽게 바라봅니다. 그것은 연약한 것입니다. 왜냐하면 바라던 희망이 제거되면 그 사랑은 사라지거나 줄어들 것이기 때문입니다. 사랑이 보상을 바랄 때, 그것은 순수하지 않습니다. 순수한 사랑은 자기의 이익을 품지 않습니다. 순수한 사랑은 가능성으로 인해서 힘을 얻지 않으며, 의혹으로 약해지지 않습니다. 이것이 신부의 사랑으로, 신부를 의미하는 모든 것입니다. 사랑은 신부의 존재 자체

이고 그녀의 희망입니다. 신부는 사랑으로 가득 차 있고 신랑은 그것에 만족합니다. 그는 그 무엇도 요구하지 않고, 그녀는 줄 수 있는 다른 어떤 것을 가지고 있지 않습니다. 사랑이야말로 그가 신랑이고 그녀가 신부인 이유입니다. 이러한 사랑은 오직 부부가 된 이들의 소유입니다. 그 누구도, 설령 그들의 자녀라도, 그것을 나누어가질 수 없습니다.

III. 그러므로 그분이 "나를 공경함이 어디 있느냐?"말 1:6 라고 외치는 것은 자녀들을 향한 것입니다. 그분은 그들에게 "내게 대한 사랑이 어디 있느냐?"라고 묻지 않으니, 왜냐하면 그분은 자신의 신부에 속한 특권을 지키기 때문입니다. 이리하여 사람은 자신의 부모를 공경하라는 명을 받습니다신 5:16. 사랑에 대한 것은 아무것도 언급되지 않습니다. 이는 자녀들이 그들의 부모를 사랑하면 안 되어서가 아니라, 대부분의 자녀들이 부모를 사랑하기보다는 공경하는 경향이 있기 때문입니다. 왕의 영예는 시비 가리기를 사랑하는 것이 사실입니다시 99:4. 그러나 신랑의 사랑, 더 정확하게 말하면, 사랑 자체인 천상적 신랑이 되는 분의 사랑은 사랑과 신뢰를 주고받기만을 원합니다. 그분의 사랑을 받는 신부가 응답하여 사랑하게 하십시오. 신부, 더욱이 사랑 자체인 분의 신부가 어떻게 사랑 외에 그 무엇을 할 수 있겠습니까? 어떻게 사랑 자체인 분이 사랑을 받지 못하겠습니까?

ε. 그럴진대, 신부는 올바르게 다른 모든 애착들을 버리고 오직 사랑만을 위해 자신을 헌신합니다. 왜냐하면 그녀가 사랑에 응할 힘을 응답하는 사랑 안에서 갖게 되기 때문입니다. 비록 그녀가 사랑 안에서 자기 자신 모두를 쏟아부을 수 있지만, 그의 사랑의 마르지 않는 샘과 비교할 때, 그녀의 사랑은 어떠합니까? 목마른 사람이 샘에 비유될 수 없는 것과 마찬가지로, 사랑의 흐름은 사랑하는 그녀와 사랑 자체인 그로부터, 영혼과 하나님 말씀으로부터, 천상적 신부와 신랑으로부터, 창조주와 피조물로부터 동등하게 흐르지 않습니다. 그렇다면 이 때문에 신부의 맹세는 사라져갈까요? 그녀 마음의 열망, 타오르는 사랑, 확신에 찬 긍정은 그녀가 달콤함에 있어 뛰어나고, 온화함에 있어서는 양, 순백에 있어서 백합에 필적할 힘이 없기 때문에, 부족한 의지들을 드러내는 것인가요? 또는 그녀가 태양의 밝음과 비교될 수 없고, 자

애로움 자체인 그분의 자애와 같아질 수가 없기 때문일까요?[요일 4:16] 아닙니다. 비록 피조물이 창조주보다 열등한 존재로서 그분의 사랑만은 못하지만, 만약 그가 모든 마음을 다해 사랑한다면 모자를 것은 없습니다[마 22:37]. 왜냐하면 스스로 모든 것을 주었기 때문입니다.

내가 이미 말했듯이, 그런 사랑은 결혼을 한다는 것인데, 왜냐하면 영혼 홀로 이와 같이 사랑을 할 수 없고 사랑받을 수도 없기 때문입니다. 완벽하고 온전한 결혼은 사랑의 주고받음 안에 있습니다[마 19:16]. 영혼이 하나님 말씀에 의해 먼저 사랑을 받고, 그 말씀에 의해 더 강렬하게 사랑을 받는다는 것을 아무도 의심하지 않습니다. 실로 그분은 사랑에 있어서 그녀를 앞서고 또한 능가하십니다. 그토록 감미로운 축복 가운데서 미리 헤아려지도록 허락된 영혼은 복되도다! 그러한 지극한 기쁨의 포옹을 경험하도록 허락된 영혼은 복되도다! 왜냐하면 두 존재를 하나의 육체가 아닌 하나의 영 안에 결합시켜 그들을 더 이상 둘이 아닌 하나로 만드는 것은 다름 아닌 거룩하고 순결하며 감미로움과 기쁨으로 가득찬 사랑, 그 온전히 평온하고 진실하고, 상호적이고 깊은 사랑이기 때문입니다[마 19:5]. 사도 바울도 말합니다. "주와 합하는 자는 한 영이니라"고전 6:17.

이 주제에 대하여, 그분이 부어줌에 의해, 그리고 그 항구한 친밀성에 의해 다른 모든 것에 앞서 우리의 스승이 된 성령께 귀 기울이도록 합시다요일 2:27. 우리는 또 하나의 설교의 시작을 위한 것으로 이것을 간직하는 것이 좋을 듯합니다. 우리가 중요한 주제를 이 설교의 끝맺음 단락에서 압축시켜 버리지 않도록 말입니다. 당신이 동의한다면, 나는 결론으로 가기 전에 여기서 일단락을 짓고자 합니다. 그리하여 내일 우리는 신령한 상급이며, 축복받은 영혼들이 말씀과 함께 말씀을 통하여 즐길 수 있는 기쁨들을 맛보고자 갈급하면서 적절한 시간에 만나게 될 것입니다. 바로 그 말씀이 우리의 천상 신랑 되는 예수 그리스도, 만물 위에 계시며 영원히 거룩하신 하나님이신 우리의 주님이십니다롬 9:5. 아멘.

사랑의 세 가지 특성
《아가서 설교》 스무번째

1. 나는 사도 바울의 말씀으로 시작하고자 합니다. "만일 누구든지 주 예수를 사랑하지 아니하면 저주를 받을지어다"^{고전 16:22}. 진정 나는 그를 통해 나의 존재, 나의 생명, 나의 지력을 소유하게 되는 분을 사랑해야만 합니다. 내가 은혜를 모른다면 나는 또한 가치 없는 존재입니다.

주 되신 예수님이여, 당신을 위해 살기를 거부하는 이는 누구든지 분명히 죽어 마땅하며, 사실상 이미 죽은 것입니다. 누구든지 당신을 모르는 이는 어리석은 사람입니다. 그리고 누구든지 당신 없이 무언가가 되기를 원하는 이는 의심의 여지 없이 아무것도 아닌 것으로 간주되며, 진정 아무것도 아닙니다. 당신이 그를 주목하지 않으면 인간이 무엇이겠습니까? 당신은 모든 존재를 당신을 위해 만드셨습니다. 오, 하나님이여, 누구든지 그가 행하는 모든 것 안에서 당신을 위해서가 아니라 자신을 위해 살기를 원하는 이는 아무것도 아닙니다. "하나님을 경외하고 그의 명령을 지킬지어다. 이것이 모든 사람의 본분이니라"전 12:13라고 기록되었습니다. 따라서 이것이 모든 것이라면 이것 없이 사람은 아무것도 아닙니다. 오, 하나님이여, 당신이 내게 존재하도록 부여한 이 작은 자가 당신을 향하도록 돌려주십시오. 간구하건대 이 비참한 삶으로부터 남아 있는 날들을 취하소서. 그릇되게 살아오면서 내가 잃어버린 모든 것을 대신하여, 오, 하나님이여, 겸손하고 회개하는 이 마음을 거부하지 마소서. 나의 날들은 그림자처럼 길어진 채 열매도 없이 지나갔나이다. 나는 그것들을 되돌릴 수 없으나, 내가 이 영혼의 쓰라림 속에서 그것들을 당신에게 드린다면, 최소한 그것이 당신을 기쁘게 하기를 원합니다. 지혜에 있어서, 그것을 향한 내 모든 갈망과 뜻 – 만약 그 어떤 것이라도 내 안에 있다면 – 은 당신 앞에 있사오니, 내가 그것을 당신을 위해 간직하리이다. 그러나 하나님이여, 당신은 나의 어리석음을 아십니다. 만약 내가 이것을 깨닫는 것이 지혜가 아니라면 말입니다. 그러나 어리석음조차 당신의 선물입니다 나에게 좀 더 주십시오. 내가 이 작은 선물에 감사하지 않아서가 아니라, 내가 부족한 것을 얻기를 열망하기 때문입니다. 이 모든 것들에 있어서, 나의 모든 힘을 다하여 나는 당신을 사랑합니다.

2. 그러나 나를 더욱더 감동시키고, 내 마음을 불러일으키어, 타오르게 하는 다른 두엇이 있습니다. 선하신 예수여, 당신이 마신 그 거룩한 잔, 우리의 구원을 위해 치른 그 값이 나로 하여금 다른 모든 것보다 더 당신을 사랑하게 만듭니다. 이것 홀로 우리의 사랑을 끌어내는 데 충분할 것입니다.

여러분이여, 이것이 우리의 사랑을 그토록 부드럽게 얻고, 정당하게 그 사랑을 요구하고, 단단하게 그 사랑을 묶고, 그 사랑에 깊이 영향을 미치는 바로 그것입니다. 우리의 주님은 이것 안에서 실로 애써 수고해야 했습니다. 사실 온 세상을 만드는 데에 있어서 창조주께서는 그렇게 많이 애쓰지 않았습니다. 그때 그분이 말하자 그것들이 만들어졌습니다. 그분이 명령하자 그것들이 생겨

났습니다. 그러나 우리를 구원함에 있어서 그분은 자신의 말들을 부인하고 그의 행동을 비난하고, 그의 고통을 비웃고, 그의 죽음을 조롱했던 사람들을 견뎌야 했습니다. 얼마나 그분이 우리를 사랑했는지를 보십시오. 이런 사랑에다가 그분이 사랑에 응답했던 것이 아닌, 자유롭게 사랑을 부어주었던 것임을 더해보십시오. 실로 그 누가 그분에게 어떤 것을 먼저 주어 그것이 되갚아져야만 했습니까? 성 요한이 말했듯이, "우리가 하나님을 사랑한 것이 아니요 하나님이 우리를 사랑"요일 4:10하셨습니다. 심지어 우리가 존재하기도 전에 그분은 우리를 사랑했고, 더 나아가 우리가 그분에게 저항했을 때에도 우리를 사랑했습니다. 사도 바울의 증언에 의하면, "곧 우리가 원수 되었을 때에 그의 아들의 죽으심으로 말미암아 하나님과 화목하게 되었은즉"롬 5:10이라고 합니다. 만약 그분이 사랑을 주지 않았던 사람들을 사랑하지 않았더라면 그분은 사랑할 그 누구도 갖지 못했을 것처럼, 그분이 그의 원수들을 사랑하지 않았다면 그분은 어떠한 친구들도 가질 수가 없었을 것입니다.

II. 3. 그분의 사랑은 다정하고 지혜롭고 또한 강합니다. 그분이 인간의 몸을 취했기 때문에 나는 그 사랑을 다정하다고 말합니다. 그분이 죄를 피했기 때문에 그 사랑은 지혜롭습니다. 또한 그분이 죽음을 견디었기 때문에 그 사랑은 강합니다. 그분이 육신을 취했을지라도 그분의 사랑은 결코 이 세상적이지 않았고, 다만 언제나 성령의 지혜 가운데 있었습니다. "우리 면전에 영이 그리스도 주님이시니"애 4:20, 그분은 우리를 두고 질투하되 인간, 가령 첫 번째 사람인 아담의 이브를 향한 질투 같은 것이 분명히 아닌, 하나님의 열심고후 11:2를 통해 그렇게 합니다. 그래서 그분은 자신의 육체에 머물면서 얻으려고 애썼던 사람들을 성령 안에서 사랑했고 그리고 능력 안에서 구속했습니다. 인류의 창조주를 한 인간으로 보는 것은 얼마나 다정한 것입니까? 그분은 주의 깊게 죄로부터 인간성을 보호하는 한편, 힘차게 그 인간성으로부터 죽음을 몰아냈습니다. 육체를 취할 때 그분은 내게로 몸을 기울였고, 죄를 피함에 있어서 스스로 잘 생각했으며, 죽음을 받아들임에 있어서 하나님 아버지를 만족시켰습니다. 그분은 다정한 친구, 지혜로운 조언자, 힘 있는 구조자였습니다.

선한 의지와 지혜, 그리고 나를 구원할 능력을 가진 분에게 나 자신을 기꺼이 맡겨야 하지 않겠습니까? 그분은 나를 찾아나섰고, 은혜를 통해 나를 불렀습니다. 내가 그분에게로 갈 때 나를 거부하겠습니까? 나는 그분의 손에서 나를 낚아채 갈 어떤 세력이나 협잡도 두려워하지 않습니다. 그분은 모든 것, 죽음조차도 정복한 분이시고, 거룩한 속임수로서 세상을 속인 뱀을 속였습니다. 그분은 누구보다도 더 세심하고, 누구보다도 더 강한 분이십니다. 그분은 스스로에게 참된 몸을 취했고, 다만 죄의 외관만을 갖추었으니, 전자 안에서는 약한 인간들에게 다정한 위로를 주기 위함이요, 후자 안에서는 악마를 속이기 위한 올가미를 숨기기 위함이었습니다. 우리를 성부 하나님과 화해시키기 위해 그분은 용감하게 죽음을 겪었고, 우리의 속량을 위한 값으로 자신의 피를 쏟아부어 죽음을 물리쳤습니다.

그분이 나를 그렇게 자애롭게 사랑하지 않았다면 그 거룩한 신성은 결코 사슬에 매여 있는 나를 찾으려고 애쓰지 않았을 것입니다. 한편 그분은 그의 애정에 지혜를 더했는데, 그것을 통해 그분은 뱀을 속였습니다. 게다가 그분은 인내를 더했는데, 그렇게 함으로써 노하신 그분의 거룩한 아버지를 진정시켰습니다.

3. 이것들이 내가 당신에게 말하기로 약속했던 사랑의 속성들입니다. 그러나 나는 그것들이 당신에게 보다 잘 받아들여질 수 있는 것들이 되도록 하기 위해, 그것들을 당신에게, 무엇보다도 먼저 그리스도 안에서 보여주었습니다.

4. 그리스도인은 어떻게 그리스도를 사랑해야 하는지를 그리스도로부터 배웁니다. 다정하고, 지혜롭고, 강한 사랑을 배워야 합니다. 격정이 아닌 부드러움을 가진 사랑, 어리석음이 아닌 지혜로움을 가진 사랑, 또한 능력을 가진 사랑을 배우십시오, 당신이 주님에 대한 사랑으로부터 지치고 등 돌리지 않도록. 이 세상의 영광과 육체의 쾌락이 당신을 빗나가게 하도록 만들지 마십시오. 그리스도의 지혜는 당신에게 그러한 것들보다 더 감미로운 것이 되어야 합니다. 그리스도의 빛이 당신에게 반짝일 때 거짓과 속임수의 영이 당신을 현혹시키지 못할 것입니다.

끝으로, 하나님의 힘으로서의 그리스도가 당신의 기운을 북돋울 때 당신은 모든 어려움들에 의해 마멸되지 않을 것입니다. 사랑이 당신의 열성을 타오르게 하도록 하십시오. 지식이 그것을 가르치도록 하십시오. 항구함이 그것을 강화시키도록 하십시오. 그 열심을 뜨겁고, 분별 있고, 용기 있는 것으로 지켜나가십시오. 그 열심이 시들하지는 않은지, 무모하지는 않은지, 또한 소심하지는 않은지를 살피십시오.

하나님께서, "너는 마음을 다하고 뜻을 다하고 힘을 다하여 네 하나님 여호와를 사랑하라"신 6:5라고 말하실 때, 당신은 스스로 그 법 안에 이 세 가지 명령들이 지시되어 있지는 않은지 살피십시오. 만약 이 세 가지의 구분에서 보다 적합한 의미가 더 이상 떠오르지 않는다면, 내가 생각하기에 그 마음의 사랑이란 애정의 어떤 따뜻함과 관련되고, 뜻을 지닌 사랑이란 이성적 능력이나 판단과 관련되고, 또한 능력을 지닌 사랑이란 항구함과 영혼의 활력을 언급하는 것이라 여겨집니다. 그러므로 당신의 주 하나님을 당신 마음 속에 가득 찬 깊은 애정으로 사랑하고, 온전히 알아차리고 분별을 잘 하는 당신의 뜻으로 그분을 사랑하고, 당신의 모든 힘을 다하여 열렬히 그분을 사랑하십시오. 그렇게 함으로써 당신이 하나님을 향한 사랑 때문에 죽지 않을까 두려워하는 일조차 없을 것입니다.

실로 다음과 같은 말도 있습니다. "사랑은 죽음 같이 강하고 질투는 스올 같이 잔인하며 불길 같이 일어나니" 아 8:6. 당신의 주 예수를 향한 애정은 부드럽고도 아주 친밀하여, 세상적 삶의 달콤한 유혹을 거스를 수 있어야 합니다. 새 못이 이전 것을 몰아내듯이 감미로움이 감미로움을 정복합니다. 이것은 그분을 당신의 마음에 강한 빛으로, 당신의 영혼을 위한 길잡이로서 간직하는 것과 같습니다. 그렇게 함으로써 그릇된 가르침의 속임수를 피하고 그것들의 유혹으로부터 당신 신앙의 순수함을 보호할 뿐만 아니라, 당신의 대화에서 분별 없고 지나친 격렬함을 당신이 조심스럽게 피할 수 있도록 말입니다. 당신의 사랑이, 두려움에로 이끌리거나 열심한 일로 위축되어짐 없이, 강하고 항구하게 되도록 하십시오. 다정함이 넘치게, 분별력 있게, 또한 강렬하게 사랑합시다. 다정함이 넘침으로써 우리가 말해온 마음의 사랑은 진실로 감미롭다는 것을 우리는 알고 있습니다. 그러나 우리는 또한 그것이 뜻을 지닌 사랑을 결여할 때, 빗나가게 되기 쉽다는 것을 압니다. 한편 뜻을 지닌 사랑은 진실로 지혜롭습니다. 그러나 능력을 지닌 사랑 없이 그것은 무너지기 쉽습니다.

Ⅳ. 5. 얼마나 많은 예들이 우리가 말하고 있는 것을 뒷받침하고 있는지를 보십시오. 예수가 아버지께로 오르시기 바로 전에 제자들은 이 주제에 대하여 그분이 말하는 것을 들었는데, 그들이 자신들의 스승의 떠남을 두고 슬퍼하고 있을 때, 그분은 또한 그들에게 말씀하였습니다: "내가 갔다가 너희에게로 온다 하는 말을 너희가 들었나니 나를 사랑하였더라면 내가 아버지께로 감을 기뻐하였으리라"요 14:28. 어떻게 그분은 이렇게 말할 수 있었을까요? 그분의 떠남을 제자들이 그토록 슬프게 받아들인 것은 그를 사랑했기 때문일 것입니다. 어떤 면에서 그들은 그분을 사랑했습니다. 그러나 다른 면에서 그들은 그렇지 않았습니다. 그들의 사랑은 사려 깊다기보다는 부드러운 사랑이었고, 세상적인 것이었으며, 분별력 있는 사랑은 아니었습니다. 그들은 온 마음으로 사랑하였으되, 온 뜻을 지니고 사랑하지 않았습니다. 그들이 사랑했던 것은 그들 자신의 잘됨을 위한 것이 아니었고, 그리하여 그분은 그들에게 말씀하였습니다: "내가 떠나가는 것이 너희에게 유익이라"요 16:7. 이 말은 그들의 감정이 잘못되었다는 것이 아니라, 그들의 예측을 바로 잡는 것이었습니다.

그분이 자신의 죽음이 가까워지는 것에 대해 같은 방식으로 말할 때, 그분을 매우 애정 어리게 사랑했던 베드로는 그 길을 방해하려고 했습니다. 당신이 기억하듯이, 그분이 그를 꾸짖을 때, 그것은 무엇이었던가요? 그분이 바로 잡고 있었던 것은 베드로의 무분별함이 아니었던가요? 마지막으로 그분이 "네가 하나님의 일을 생각하지 아니하고"^{막 8:33}라고 말했을 때, 그것은 다음과 같은 의미를 지녔습니다. 너는 지혜롭게 사랑하지 않는다. 너는 하나님의 계획을 거슬러 너의 인간적 생각을 좇고 있다. 그분은 베드로를 심지어 사탄이라고 불렀습니다. 왜냐하면 비록 그 일이 알려져 있지는 않았지만, 그가 구세주의 죽음을 막으려고 함으로써 구원을 방해하고 있었던 것이기 때문입니다.

꾸짖음을 당했던 베드로는 나중에 그 슬픈 예언이 되풀이되었을 때, 더 이상 그 죽음에 반대하지 않고 오히려 자신이 그분과 함께 죽으리라고 약속했습니다. 그러나 그는 이 약속을 이행할 수 없었습니다. 왜냐하면 그가 아직 그 사랑의 세 번째 단계, 즉 그의 온 힘을 다하여 사랑하는 단계에 이르지 않았기 때문입니다. 온 뜻을 다하여 사랑하도록 가르침을 받았던 베드로는 아직은 연약한 가운데 있었습니다. 그는 가르침을 잘 받았으나, 구원의 신비를 깨달으면서 잘 준비된 상태에는 이르지 못했습니다. 오히려 그는 그것에 대한 증언을 떠맡는 것을 두려워하였습니다. 분명히 그 사랑은 죽음만큼 강하지 않았으니, 죽음 앞에 굴복하는 사랑이었습니다.

후에 예수 그리스도의 약속에 따라 위로부터 오는 힘이 입혀지게 된 베드로는 자신의 힘을 다하여 사랑하기 시작했습니다. 그리하여 유대인의 최고의회가 예수 그리스도를 선포하지 못하도록 했을 때, 그는 그 명령을 내린 사람들에게 담대하게 응했습니다. "사람보다 하나님께 순종하는 것이 마땅하니라"행 5:29고 말입니다. 그럴 때, 즉 사랑을 위해 그가 자신의 목숨까지도 아끼지 않았을 때, 마침내 그는 온전한 사랑의 충만함에 이르렀습니다. "사람이 친구를 위하여 자기 목숨을 버리면 이보다 더 큰 사랑이 없나니"요 15:13. 비록 베드로가 처음에는 그의 목숨을 내어놓을 수 없었지만, 그는 그것을 하게 되었습니다.

V. 그렇다면, 당신의 온 마음으로, 온 뜻으로, 온 힘으로 사랑한다는 것은 유혹들에 빠지지 않는 것, 거짓에 속

지 않는 것, 또한 모욕에 의해 꺾이지 않는 것을 의미합니다.

6. 마음의 사랑은 어떤 면에서는 육적인 것임을 깨달으십시오. 왜냐하면 우리의 마음이란 그리스도의 인성, 그리고 그분이 육체 가운데 있는 동안 행하거나 명령했던 일들을 향해 몹시 끌리게 되기 때문입니다. 이런 사랑으로 채워진 마음은 이 주제에 관한 모든 말들에 의해 즉각적으로 감동이 됩니다. 어떤 것도 그 말들만큼 듣기에 즐겁지 않고, 큰 관심으로 읽혀지지 않으며, 어떤 것도 그것들만큼 자주 기억되고 음미하기에 감미롭지 않습니다. 그런 영혼은 이런 사랑과 함께 기도의 번제를, 마치 그것이 기름진 황소의 제물인양 준비합니다. 기도할 때, 그 영혼은 그 앞에 하나님이며 인간이 되신 분의 거룩한 이미지, 가령 그분의 탄생 또는 유년기, 그분이 가르쳤을 때, 죽을 때, 부활할 때, 승천할 때의 이미지를 가져야만 합니다.

그 영혼이 취하는 형상이 어떤 것이든 그 이미지는 그 영혼이 덕을 지닌 사랑으로 두어야만 하고 육적인 악습들을 내쫓아야 하며, 유혹들을 제거하여 욕망들을 잠재

워야만 합니다. 내가 생각하기에 바로 이것이 보이지 않는 하나님이 육체 안에서 보여지고, 또 한 인간으로서 다른 사람들과의 대화를 의도했던 근본적 이유입니다. 육적인 인간들은 어떤 다른 방법으로는 사랑할 수가 없기에, 그분은 이런 인간들의 애착을 그분 자신의 인성에 대한 유익한 사랑으로 먼저 끌어들임으로써 다시 일으키기를 원하셨습니다. 그리고 나서 점차적으로 그런 애착을 영적인 사랑으로 끌어 올리고자 의도하셨던 것입니다.

제자들이, "보소서 우리가 모든 것을 버리고 주를 따랐사온대"마 19:27라고 말했을 때, 그들은 사실 그저 첫 번째 단계에 있었던 것입니다. 그들이 모든 것을 버렸던 것은 바로 그분의 보이는 현존에 대한 사랑에 이끌린 것이었습니다. 그분이 자신의 다가오는 수난과 죽음을 언급할 때 그들은 그런 말을 듣는 것조차 감당할 수가 없었습니다. 비록 그런 것이 그들의 구원이 되는 것이었지만 말입니다. 그런 것이 모두 다 일어난 후조차도, 그들은 깊은 슬픔 없이는 그분 승천의 영광을 지켜볼 수가 없었습니다. 그리스도가 그들에게, "도리어 내가 이 말을 하므로 너희 마음에 근심이 가득하였도다"요 16:6라고 말한 것은 바로 이런 이유에서입니다. 따라서 그들의 마음이 육적인 사랑으로부터 분리되어진 것은 바로 그분의 물리적 현존에 의해서였습니다.

7. 그후 그분은 그들에게 보다 높은 사랑의 단계를 가르쳤으니, 그분은 다음과 같이 말했습니다. "살리는 것은 영이니 육은 무익하니라 내가 너희에게 이른 말은 영이요 생명이라"요 6: 63. 내가 생각하기에, 사도 바울은 그가 다음과 같이 말했을 때 이러한 단계에 도달했던 것으로 보입니다. "그러므로 우리가 이제부터는 어떤 사람도 육신을 따라 알지 아니하노라 비록 우리가 그리스도 육신을 따라 알았으나 이제부터는 그같이 알지 아니하노라"고후 5:16.

아마도 이러한 것은 다음과 같이 말했던 예언자에 있어서도 마찬가지였을 것입니다. "우리가 그의 그늘 아래에서 이방인들 중에 살겠다"애 4:20. 또한 그가 이어서 다음과 같이 말할 때, 즉 "이방인들 가운데서 그분의 그늘 아래 우리가 살리라"라고 말할때, 내가 생각하기에, 그는 초보자들을 대신해서 말하고 있는 것으로 보입니다. 왜냐하면 그런 이들은 자신들이 태양의 뜨거운 열기에 버틸 정도로 강하지 않다는 것을 알기에, 적어도 그늘에서 그들이 안식을 취할 수 있습니다. 그러한 이들은 그분의 인성이 지니는 친밀함에 의해 자양분을 얻을 수 있을 것입니다. 왜냐하면 그들은 아직 하나님의 영에 관한 것들을 깨달을 수가 없기 때문입니다. 내가 생각하기에 그리스도의 그늘이란 동정녀 마리아를 감싸주었고 그녀를 위해 하나님 영의 빛나는 광채를 적절하게 조절했던 그분의 육체입니다. 그러므로 이러한 인간적 신앙심 안에는 생명을 주는 하나님의 영을 아직 가질 수 없는 모든 사람들이 그러한 동안에 가질 수 있는 위로가 주어지는 것입니다. 즉 그런 사람들은, "우리 면전에 있는 영은 주님이신 그리스도이다"라고 말하는 사람들, 또한 "비록 우리가 한때 그리스도를 육 안에서 알아보았더라도, 우리는 더 이상 그분을 그렇게 알지 않습니다"라고 말하는 사람들과 같은 방식으로 그분을 가질 수 없는 사람들이라고도 할 수 있겠습니다.

실로 성령 없이는, 비록 육체적 사랑일지라도 성령의 충만함 없이는, 그리스도를 향한 사랑이란 전혀 있을 수가 없습니다. 이런 사랑의 방책은 다음과 같습니다. 사랑의 감미로운 친밀함은 온 마음을 사로잡아, 마침내 그것을 모든 육적인 사랑과 모든 세상적 쾌락으로부터 완전히 끌어

당깁니다. 진실로 온 마음으로 사랑한다는 것이 의미하는 것은 바로 이런 것입니다. 만약 내가 주님의 인성보다 혈연에 의해 나와 연결된 어떤 사람, 또는 어떤 세상적 즐거움으로 연결된 사람을 더 좋아한다면, 이것은 분명히, 내가 내 온 마음으로 사랑하지 않는다는 것을 증명할 것입니다. 왜냐하면 나의 마음이 나 자신의 관심사들과 나를 말과 행실을 통해 가르쳤던 한 인간으로서의 그분에 대한 사랑 사이에서 갈라져 있기 때문입니다. 내가 나의 사랑을 한편으로는 그분에게, 다른 한편으로는 나 자신에게 주는 것같이 생각되지 않습니까? 그분은 다음과 같이 말한 바 있습니다. "아버지나 어머니를 나보다 더 사랑하는 자는 내게 합당하지 아니하고 아들이나 딸을 나보다 더 사랑하는 자도 내게 합당하지 아니하며"마 10:37.

간단히 말하면, 온 마음으로 사랑한다는 것은, 우리를 내적으로 또는 외적으로 끌어당기는 모든 것에 앞서 그분의 거룩한 인성을 사랑하는 것을 의미합니다. 이러한 유혹들 가운데 우리는 이 세상적 영광 또한 포함시켜야 합니다. 왜냐하면 그런 영광은 육에 속하는 것이고, 그 안에서 즐거워하는 사람들은 의심할 여지 없이 육에 속하는 사람들이기 때문입니다.

8. 물론 그리스도의 인성에 대한 신앙심은 선물, 즉 하나님의 영으로부터 주어지는 커다란 선물입니다. 내가 이것을 육적이라고 일컫는 것은 다른 종류의 사랑과의 비교에 의해서입니다. 즉 다른 종류의 사랑이란, 지혜로서, 또는 정의, 진리, 거룩, 성실, 능력으로서, 또한 이런 방식으로 말해질 수 있는 모든 종류의 것들로서의 하나님 말씀만큼이나, 육체로서 하나님 말씀을 알지 못하는 그런 종류의 사랑을 말합니다. 그리스도는 진실로 이 모든 것들인 것입니다. "예수는 하나님으로부터 나와서 우리에게 지혜와 의로움과 거룩함과 구원함이 되셨으니"고전 1:30.

한 본보기로서 두 사람을 들 수 있겠습니다. 한 사람은 그리스도의 고통들 안에서 어떤 몫을 느끼며, 그분이 겪었던 모든 것에 대한 생각을 통해 쉽게 영향을 받고 감동을 받습니다. 이 사람은 선하고 신실하며 값진 행위들에 대한 이런 헌신이 주는 친밀함에 의해 자양분을 받고 힘을 얻습니다. 반면 다른 한 사람은 의로움을 위한 열성으로 항상 불타오르고 진리와 지혜를 갈망합니다. 그런 이의 삶, 기질은 성스럽고, 자랑하기를 부끄러워하고, 흠잡기를 피하며, 결코 시기하지 않으며, 교만을 싫어합니다. 그는 모든 인간적 영예로부터 달아날 뿐만 아니라 또한 그것으로부터 움츠리고 피하며, 그는 몸과 마음의 모든 정결치 못함의 때를 질색하고 근절합니다. 마침내 그는 모든 악함을 걷어차고, 그런 것이 당연하다는 듯이 선한 것을 품습니다. 이 두 사람의 생각들을 비교해 보십시오. 후자가 전자보다, 즉 그의 사랑이 보다 육적이라고 할 수 있는 첫 번째 사람보다 높은 경지에 있다고 보여지지 않습니까?

9. 그러나 그런 육적인 사랑도 가치가 있습니다. 왜냐하면 그것을 통해 세상적 사랑이 배제되고, 또한 이 세상이 판단되고 정복되기 때문입니다. 사랑은 그것이 이성적일 때 더 좋고, 영적일 때 완전하게 됩니다. 실로, 신앙에 있어 이성이 아주 강해서 그리스도에 관한 모든 것에 있어서 그 사랑이 결코 진리의 어떤 거짓된 유사함에 의해 조금이라도 빗나감이 없고, 어떤 이단적이거나 악마적인 속임에 의해 그 사랑이 교회의 통합된 이해로부터 방황함이 없을 때, 그 사랑은 분별력 있는 것이라 할 수 있습니다. 같은 방식으로, 그 자신에 대해 말할 때도 그런 사랑은 매우 신중하게 행하니 결코 미신적 신앙이나 경솔함이나 너무 과하게 열심인 영의 맹렬함에 의해 분

별의 한계를 넘어서지 않습니다. 이런 것이 우리가 이전에 말했듯이, 온 뜻을 다해 하나님을 사랑하는 것입니다.

하나님의 영의 도움이 함께 할 때, 영은 아주 강한 힘에 도달하게 되어 어떤 애씀이나 어려움 없이 확고부동하게 남을 수 있게 됩니다. 만약 스스로의 죽음에 대한 두려움이 그것을 부당하게 행동하도록 만들지도 못하면, 그러나 그럴 때라도 그 영은 온 힘을 다하여 사랑합니다. 바로 이럴 때 그 사랑은 영적인 사랑이 됩니다. 나는 이 명명이 이 특별한 사랑에게 매우 적당하다고 생각합니다. 왜냐하면 하나님 영의 그 특별한 충만함으로 인해 그 안에서 영이 매우 뛰어나게 활동하기 때문입니다.

이제 다음과 같은 신부의 말을 이해하기에 충분해졌습니다. "내게 입맞추기를 원하니 네 사랑이 포도주보다 나음이로구나"아 1:2.

뒤따르는 내용들 안에서 그분이 당신 자비의 보화를 우리에게 열어주기를! 그것들을 지켜주는 분인 예수 그리스도, 우리의 주님, 그분은 하나님과 성령과의 일치 안에서 영원토록 거하시고 다스리시도다! 아멘.

주요 참고 문헌

1차 문헌

Bernard of Clairvaux, *On loving God* [De diligendo Deo] Emero Stiegman 번역 및 편집, Mich. Kalamazoo: Cistercian Publications, Inc., 1995; 《하나님의 사랑》, 엄성옥 번역(은성, 2010).

_____, *Bernard of Clairvaux: Selected Works*, The Classics of Western Spirituality, Paulist Press: New York, 1987.

_____, *Bernard of Clairvaux on the Song of Songs I-IV* (Cistercian Fathers Series 4, 7, 31, 40), Cistercian Publications, INC., Michigan, 1971-1980.

2차 문헌

김재현, "De diligendo Deo: 베르나르(Bernard of Clairvaux)의 사랑 개념 연구", <종고학연구> 23(2004): 1-26.

Bredero, Adriaan Hendrik, *Bernard of Clairvaux: Between Cult and History*, Grand Rapids, Mich.: W.B. Eerdmans, 1996.

Evans, G.R., *Bernard of Clairvaux*, Oxford University Press, 2000.

Lawrence, C. H., *Medieval Monasticism: Forms of Religious Life in Western Europe in the Middle Ages*, Harlow, England; New York: Longman, 2001.

Matter, E. Ann, *The Voice of My Beloved: the Song of Songs in Western Medieval Christianity*, Philadelphia: University of Pennsylvania Press, 1990.

Pennington, M. Basil, ed., *Saint Bernard of Clairvaux: Studies Commemorating the Eighth Centenary of His Canonization*, Kalamazoo, Mich.: Cistercian Publications, 1977.

McGinn, B. and J. Meyendorff, *Christian Spirituality: Origins to the Twelfth Century*, New York: Crossroad, 1985.